戦国北条記

伊東 潤

PHP
文芸文庫

○本表紙デザイン＋ロゴ＝川上成夫

はじめに

戦国時代、関東に覇を唱えた北条氏について、皆さんは、どのようなイメージをお持ちだろうか。

まず、「乱世の梟雄《きょうゆう》」と呼ばれた北条早雲《そううん》を思い浮かべるのではないだろうか。早雲については、年配の方であれば、「伊勢の素浪人《すろうにん》の出で、初めて下剋上《げこくじょう》を行った男」といった認識をお持ちのはずだ。

ところが本人は、北条早雲という名さえ名乗ったことがないという事実をご存じだろうか。彼の正式の名は伊勢新九郎盛時《もりとき》、出家後は早雲庵宗瑞《そうずい》である。

また三代当主・北条氏康《うじやす》のことを、「武田信玄や上杉謙信と、東国の覇を競った戦国大名の一人」として、記憶されている方も多いはずだ。

つまり氏康は、領土拡張意欲旺盛《おうせい》な戦国大名の一人にすぎず、正義の軍神・謙信に「敗れた」と思われているのではないだろうか。

さらに、末期の北条氏は、「五代百年の威を借りて、豊臣秀吉に逆らった守旧的で後進的な大名」と思われている方も多いかもしれない。

つまり北条氏は、夜郎自大《やろうじだい》を地《じ》で行くように、天に唾《つば》して滅んだと思い込んでいるのではないだろうか。

これらの認識の大半は間違っている。

初代早雲は伊勢の素浪人などではなく、室町幕府奉公《ほうこう》衆・伊勢氏の支流である備《びっ》中《ちゅう》伊勢氏の出身で、伊豆・相模《さがみ》への侵攻は、幕府管領《かんれい》・細川政元《まさもと》の起こした「明《めい》応《おう》二年の政変」と連動した一大広域作戦だった。三代氏康は「万民哀憐《ばんみんあいりん》、百姓尽礼《ひゃくしょうじんれい》」を旨《むね》とした領国統治思想を掲げる戦国大名であり、その戦いの目的は領土的野心からではなく、関東から守旧勢力を追い出し、民《たみ》との共存共栄を目指した王道楽土《おうどうらくど》を築くことにあった。そして、室町秩序の護持者である謙信を関東から排除し、関東に新たな支配秩序を築いた。

つまり関東の戦いにおいての勝者は氏康であり、謙信は敗者なのだ。

また四代氏政《うじまさ》は、凡庸《ぼんよう》で暗愚《あんぐ》ゆえに秀吉に逆らい、北条家を没落させてしまったというのは俗説にすぎず、実は秀吉の策略にはまり、決戦に踏み切らざるを得なかったのだ。

皆さんは、こうした事実をご存じだろうか。

本書を読むと、北条氏のイメージが、かなり変わってくると思う。

むろん、これらのことは、「北条数寄《すき》」の高じた筆者が、歴女的妄想を働かせて言っていることではない。

実は、このように従来の定説とは異なるものが、近年、どんどん出てきている。それら専門研究者たちの最新成果を存分に引用させていただき、一般読者にも分かりやすく、北条氏の百年がどのようなものであったかを説いていくのが、本書の狙いである。

とは言うものの、領国統治方法や諸制度に多くのページを割《さ》くことが多い専門研究書と違い、本書では、あくまで読み物として楽しんでいただくことを念頭に置き、軍事面に重点を置いている。

本書を通して、ほかの大名とは異なる北条氏のユニークな魅力を知っていただき、五代の生き様から何かを学び取っていただければ幸いである。

戦国北条記▲目次

第一章

黎《れい》明《めい》の使者

北条氏を語るには、まず応仁・文明の乱から説き起こさねばならない。この大乱により京の都は業火《ごうか》に包まれ、その余燼《よじん》の中から現れた一人の男が東国に向かうことから、この物語は始まるからだ。

建武《けんむ》三年（一三三六）、足利尊氏によって室町幕府が発足した。以後、織田信長により十五代将軍の義昭《よしあき》が追放される元亀《げんき》四年（一五七三）まで、室町幕府は二百四十年も続くことになる。

室町幕府は、初代将軍・足利尊氏の頃から南北朝並立問題や政権内の勢力争いが存在し、強力な支配体制を築くには至らなかった。しかも後年になればなるほど、その支配体制のたがは緩み、統一政権とは言い難《がた》くなっていく。つまり発足から末期まで脆弱《ぜいじゃく》な基盤の上に立つ政権だった。

それでも室町幕府は、南北朝の合一《ごういつ》を果たした三代義満《よしみつ》の時代に頂点を迎え、北山文化を花開かせた。

義満によって一時的に安定した室町幕府だったが、籤引《くじび》きで選ばれた将軍として知られる六代義教《よしのり》が、嘉吉《かきつ》元年（一四四一）に播磨《はりま》・美作《みまさか》・備前《びぜん》国守護の赤松満祐《みつすけ》に謀殺されると、衰退の一途をたどり始める。

義教は早くから僧籍に入れられていたため、将軍としての帝王学を学んでおら

足利将軍家略系図

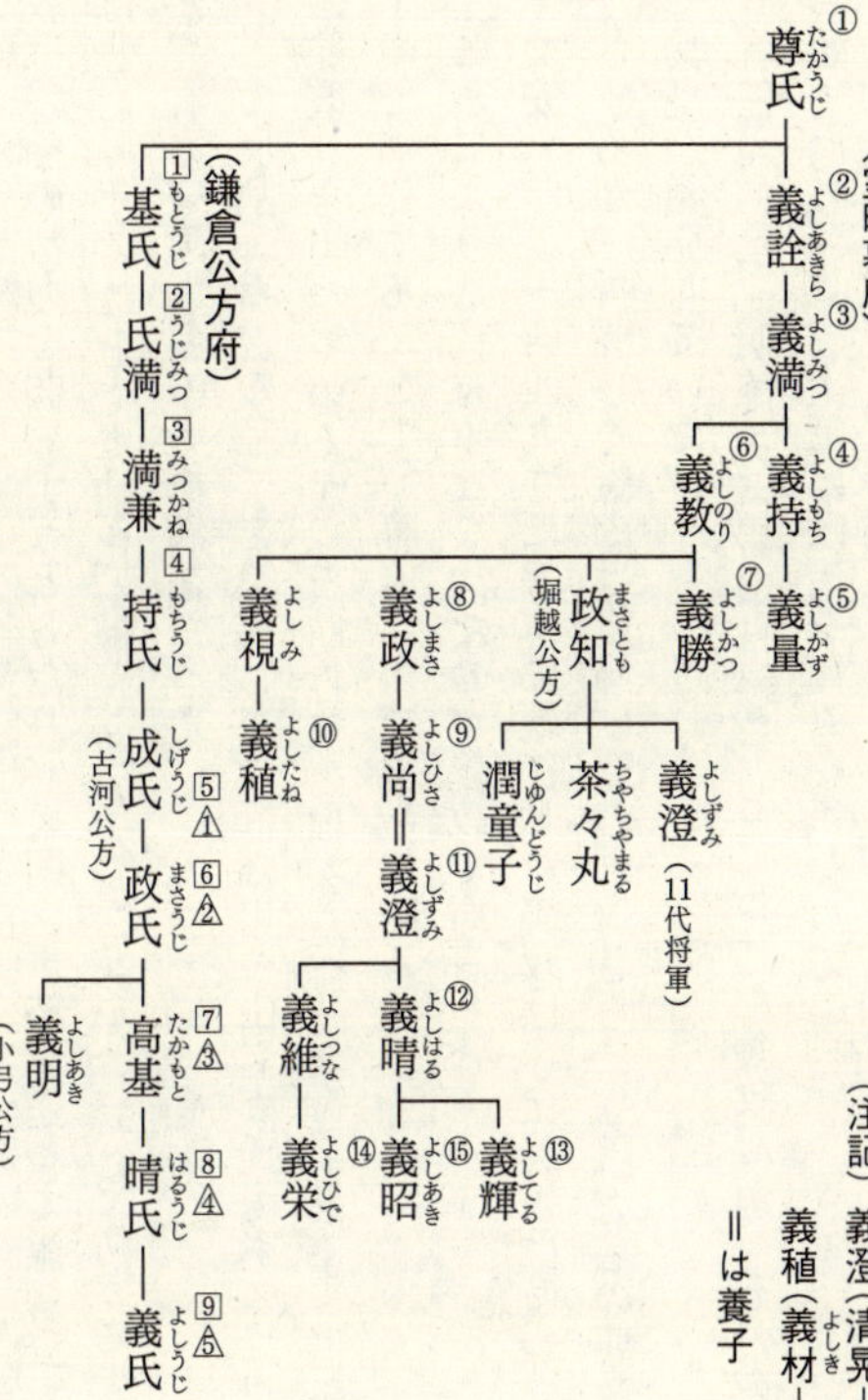

（注記）義澄（清晃《しょうこう》→義遐《よしとお》→義高《よしたか》→義澄）
義稙（義材《よしき》→義尹《よしただ》→義稙）
＝は養子

・○数字は足利将軍家歴代。□数字は鎌倉公方歴代。△数字は古河公方に変わってからの歴代
・義澄と義稙以外の史名は最後に名乗ったもののみ記載

ず、強引なやり方で将軍専制を推し進《お》めようとしたのがいけなかった。斯波《しば》・畠山《はたけやま》・山名氏ら室町幕府を支える有力守護大名の家督《かとく》相続に介入した義教は、その勢力を弱めようとしたり、東国に軍勢を送って鎌倉公方《くぼう》の足利持氏《もちうじ》を滅ぼしたりすることで専制化を推し進めるが、そうしたやり方に危機感を抱《いだ》いたのが、有力守護大名の赤松満祐だった。

この反乱（嘉吉の乱）を鎮定したのは細川・山名両氏である。以後、両氏が幕府の舵取《かじと》りを担っていくが、次期将軍に据えた義勝《よしかつ》が嘉吉三年（一四四三）、わずか十歳で病死することで、幕府は再び混乱に陥る。

これにより八代将軍となったのが義政《よしまさ》である。

文安六年（一四四九）に将軍に就任した義政は、父義教に倣《なら》って専制政治を布《し》こうとするが、折悪《おりあ》しく畿内は飢饉《ききん》に襲われ、さらに守護大名の悪政によって、一揆や兵乱が頻発《ひんぱつ》していた。

就任当初は「明徳」（『碧山日録《へきざんにちろく》』）と謳《うた》われた義政だが、その奢侈癖《しゃしへき》は若い頃から始まっており、次第に政治を顧《かえり》みなくなっていく。

とくに長禄《ちょうろく》三年（一四五九）に造営した新邸・新室町殿は二千貫文《かんもん》（現在価値なら二～三億円）もの費用をかけた豪壮華麗な邸宅だった。

旱魃《かんばつ》や長雨等による飢饉が国内全土を襲っており、餓死者が続出している一方で、義政は民《たみ》の迷惑を一顧《いっこ》だにせず、これだけの邸宅を建てたのである。

かくして、飢饉や兵乱による社会不安の増大と、それらに何ら手を打てない幕府の無力さが、応仁・文明の乱の端緒《たんしょ》となっていく。

この頃、応仁・文明の乱の主人公二人が台頭してくる。細川勝元《かつもと》と山名宗全《そうぜん》である。義政―勝元―宗全の三すくみの関係は、互いに牽制《けんせい》しつつも、当初は平穏を保っていた。

こうした中、義政に代わって政治を主導したのが、政所執事《まんどころしつじ》の伊勢貞親《さだちか》だった。

政所執事とは、金穀《きんこく》の貸借《たいしゃく》などの民事訴訟や徴税を担当し、金銭の出納《すいとう》を司る役所の長のことである。つまり貞親は幕府と将軍家の金蔵《かなぐら》を牛耳《ぎゅうじ》っており、絶大な権力を有していた。

桓武《かんむ》平氏の血を引く伊勢氏は、足利氏被官（家臣）として台頭し、義満の頃、貞《さだ》継《つぐ》が政所執事になって以来、その職を世襲してきた。

この京都伊勢氏こそ、北条早雲こと伊勢新九郎盛時《もりとき》の出自となる備中《びっちゅう》伊勢氏の本家《ほんけ》にあたる。

飢饉による社会不安が蔓延《まんえん》しつつあった十五世紀の半ば、各地の守護大名家では家督争いが頻発し、ときに将軍や管領を巻き込んだ騒乱に発展していた。

実は、この騒乱を演出していたのが伊勢貞親だった。貞親は（表面上は義政）、不必要に諸家の家督継承問題に介入したり、あえて混乱を招くような沙汰《さた》を下《くだ》したりしていた形跡がある。

これには、将軍専制を強めるために、有力守護の勢力を削減するという目的があった。しかしそれが、室町幕府そのものの体力を削ぎ落としていくことになるとまで、貞親は考えていなかった。

いつの時代もどんな場所にも、こうした大局観のない小才子タイプはおり、それが一見、賢く見えてしまうので、実に厄介である。

こうした貞親の動きが、将軍権力の弱体化を目論《もくろ》む細川勝元や山名宗全に知られないわけがない。

実は、この頃まで二人の間に確執はなく、逆に仲がよいくらいだった。勝元は宗全の娘を正室に迎えており、宗全の子の豊久《とよひさ》を養子にもらって後継者に据えようとしていたほどで、まさに手を組んで伊勢貞親に対抗していた。

このような状況下、後継者問題は将軍家にも及んだ。

義政とその正室・日野富子《とみこ》の間には女子しかいなかったため、寛正《かんしょう》五年（一四六四）、義政は弟の僧・義尋《ぎじん》を還俗《げんぞく》させ、義視《よしみ》と名乗らせ、自らの後継予定者に据えた。ところが翌年、富子が男子を産んだ。後の義尚《よしひさ》である。

一方、その翌年の文正《ぶんしょう》元年（一四六六）、義視にも男子が生まれた。後の義材《よしき》（義尹《よしただ》、義稙《よしたね》）である。

義尚の乳父《めのと》の座に就いた貞親は、富子の依頼を受け、義視父子を失脚《しっきゃく》させるべく画策を始める。

義視が義政の暗殺を企《くわだ》てていると讒言《ざんげん》した貞親は、義政に義視追討令を出させることに成功した。しかし、細川勝元が貞親の陰謀だと糾弾《きゅうだん》したため、今度は貞親が、義政から切腹を命じられる。

文正の政変である。

ところが貞親は、それぐらいで詰腹《つめばら》を切るほどやわではない。いったん身を隠した後、子息《しそく》の貞宗《さだむね》を自らの代わりとして立て、勢力挽回《ばんかい》に努めた。

これと同時並行的に起こっていたのが、山名宗全と細川勝元の関係悪化である。

話はさかのぼるが、嘉吉の乱を起こした赤松満祐を討ち、乱を平定した宗全は、自らの傀儡《かいらい》として十六歳の細川勝元を担ぎ出し、管領の座に据えた。当初、二人の関係は良好だったが、勝元は長ずるに及び、宗全の意のままに動くことをよしとしなくなった。

宗全の専横《せんおう》を阻止したい勝元は、赤松氏を再興させ、宗全の領国の一部を分け与えた。これに宗全は激怒し、二人の関係は悪化の一途《いっと》をたどった。

この頃になると、細川勝元と山名宗全の二大勢力の下に、家督争いをしている諸家の中心人物が集まり、それぞれ合従連衡《がっしょうれんこう》するようになる。

しかも、宗全の子・豊久を養子に迎えて後継者に据えていた勝元に男子が生まれ(後の政元)、豊久を出家させようとしたので、宗全の怒りは頂点に達した。

さらに農業生産性の向上により、力を蓄えた各地の守護代層の台頭も著しく、これが混乱にいっそうの拍車をかけていく。

かくして応仁・文明の乱の舞台は整った。その舞台で舞うのは、義視、細川勝元、山名宗全の三人である。

将軍義政は政治への意欲をなくしたというより、貞親を追放したため、権力を行使する手段を失い、東山山荘の造営などの文化事業に傾注していく。

その結果、畠山義就《よしなり》と従弟《いとこ》の政長《まさなが》との家督争いに端を発した東軍細川・西軍山名両陣営の対立が、応仁・文明の乱へと発展していく。

応仁元年(一四六七)一月、遂に両陣営の武力衝突が始まった。たちまち戦火は拡大し、畿内を中心に大混乱が巻き起こった。

同年五月、この混乱を収束させるべく、義政は貞親を赦免《しやめん》して元の座に復帰させると、東軍を支持し、事態の収拾に乗り出す。

しかし、自らを陥れようとした貞親を義視が許すはずがなく、義視は西軍に身を投じる。

義政―勝元、義視―宗全といった対立軸に、家督争いをしている守護大名諸家が寄り集まる形で、応仁・文明の乱は地方へと飛び火していく。

▲

そろそろ一人の男の話を始めようと思う。

男とは、伊勢新九郎盛時こと後の早雲庵宗瑞《そうずい》のことである。

この男の出自は長らくはっきりしておらず、筆者が子供の頃には、「伊勢の素浪《すろう》人《にん》」というのが定説だった。

しかし、近年になって急速に研究が進み、伊勢本家の分家にあたる備中伊勢氏の出身だと明らかになった。

父親は伊勢盛定《もりさだ》、母親は本家の貞国《さだくに》(貞親の父)の娘である。つまり政所執事の伊勢貞親から見た場合、盛時は外甥《がいせい》にあたる。

永享《えいきょう》四年(一四三二)という生年にも疑義が呈《てい》され、昨今では、康正《こうしょう》二年(一四五六)が定説となりつつある。かつての定説より二十四歳も若返ったことになり、後の積極果敢な行動力も、この年齢ならうなずける。

生誕地は、父盛定の所領である備中《びっちゅう》荏《え》原《ばらの》荘《しょう》と言われている。この地は中国山地の南側、岡山県と広島県の県境近くで、温暖で農業に適した地だった。それゆえ実収入は、貫高《かんだか》以上のものがあったと思われる。

盛時には八郎貞興《さだおき》という兄がいたが、文明年間に申次衆《もうしつぎしゅう》に加えられたという記録があるだけで、早世したのか、その他の記録が残っていない。

それゆえ盛時は、早くから嫡男《ちゃくなん》として育てられた。

前述のごとく、康正から長禄年間(一四五七~一四六〇)を経て寛正年間(一四六〇~一四六五)にかけては、飢饉によって餓死者が続出するという異常な時代だった。多感な少年時代を、こうした中で過ごした盛時の心に、何らかの志が生まれていたとしてもおかしくはない。

備中荏原荘で少年時代を過ごした盛時は、応仁元年頃、伊勢に滞在する足利義視に仕《つか》えたとされる。康正二年誕生説を取れば、わずか十二歳である。

　そのため長らく史実として認められていなかったが、この頃、戦乱に巻き込まれることを嫌った義視は伊勢に滞在しており、そこに小姓《こしょう》として仕官したということは考えられる。しかし義視は伊勢貞親と敵対関係にあり、どう考えても、貞親と同族の備中伊勢盛定が、盛時を義視の許《もと》に送り込めるとは思えない。

　ちなみに盛定は、将軍義政の申次衆の地位にあった。つまり貞親の片腕と考えられる。申次は奏者《そうじゃ》とも呼ばれ、公家・諸大名・幕臣諸家からの連絡を、将軍に取り次ぐ役のことである。

　盛定が盛時をスパイとして送り込んだとも考えられるが、義視とて馬鹿ではない。いくら十二歳でも、敵方の子弟を小姓の列に加えるだろうか。

　盛時の初見史料は文明三年（一四七一）、十六歳の時、備中国荏原荘内の菩提《ぼだい》寺《じ》・長谷《はせ》法泉寺《ほうせんじ》に出した禁制である。これにより、この頃まで在国していたことは明らかであり、いったん伊勢に行ってから備中に戻ってきたとは思えない。

　つまり、足利義視に仕えたというのは俗説で、少年期から青年期にかけて、盛時は備中の自然の中、のびのびと育ったのではないだろうか。

　青年期の盛時のエピソードとして面白いのは、備中庄《しょう》氏の惣領・庄元資《もとすけ》の家臣・渡辺帯刀丞《たてわきのじょう》から借金をしていることである。

金額は約十六貫文ということだが、備中伊勢氏被官の小林氏も、渡辺氏から三十三貫文ほど借りており、小林氏は備中伊勢氏の勘定方《かんじょうかた》だった可能性が高いため、合わせて、現在価値で約四百九十万円もの借金をしていたことになる。盛時はこのほかにも借金をしており、いくつかの証文が残されている。

後年の盛時の節度ある生き方からすれば、博奕《ばくち》などで作った借金とは思えず、また備中に遊郭《ゆうかく》などあろうはずもない。だいいち遊郭で遊ぶくらいなら、本領の荏原荘三百貫文から上がる収入でも十分のはずだ。

また盛時は、政治的傾向の強い人物であり、何らかの商売に手を染めて借金を作ったとも考え難い。

結論を言えば、この借金の使途は不明である。

ここからは筆者の想像だが、これは飢饉対策資金だったのではあるまいか。後の民に手厚い諸施策から類推すれば、すでに二十代半ばで父から当主の座を譲られていた盛時が、借金をして様々な救恤《きゅうじゅつ》策を講じていたとしても不思議はない。

ちなみに、この借金は後の徳政令により大幅に減額されたおかげで、きちんと返済されている。

伊勢氏略系図

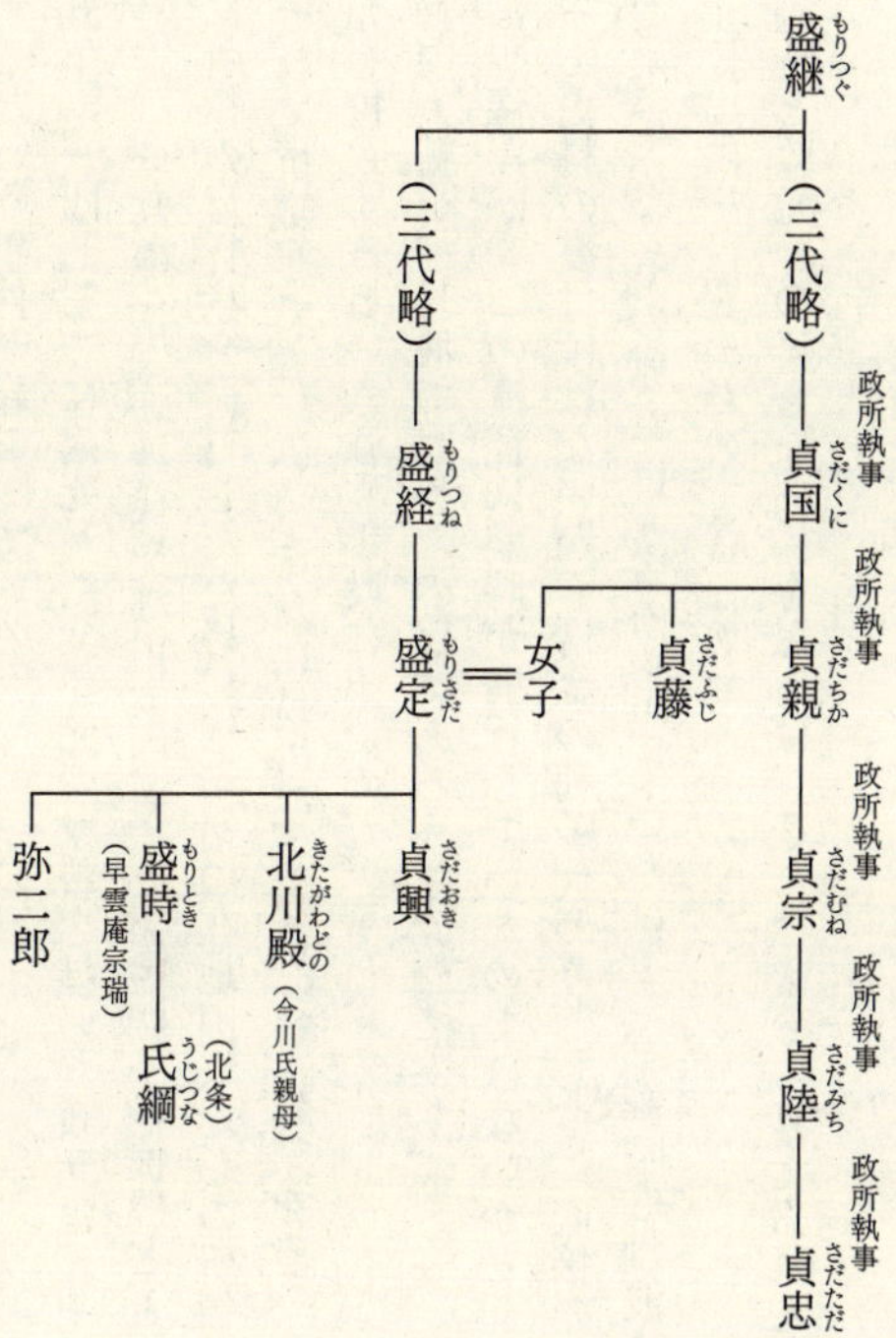
盛継《もりつぐ》
（三代略）
政所執事
貞国《さだくに》
政所執事
貞親《さだちか》
貞藤《さだふじ》
女子
政所執事
貞宗《さだむね》
政所執事
貞陸《さだみち》
政所執事
貞忠《さだただ》
（三代略）
盛経《もりつね》
盛定《もりさだ》
貞興《さだおき》
北川殿《きたがわどの》
（今川氏親母）
盛時《もりとき》
（早雲庵宗瑞）
（北条）
氏綱《うじつな》
弥二郎

またこの頃、細川家中で内訌《ないこう》があり、細川勝元の嗣子《しし》・政元を、一宮宮内大輔《いちのみやくないのだいぶ》が拉致《らち》するという事件が起こっている。

文明五年（一四七三）に病死した父勝元の家督を継いだ政元は、その時、わずか八歳だった。それゆえ、守護代や細川家内衆《うちしゅう》（家臣団）の傀儡《かいらい》とされ、彼らの望むままに所領の宛行状《あてがい》を発行したため、細川領の在地国人《こくじん》たちの所領が侵食され始めた。それに抗議しても、いっこうに埒《らち》の明かないことに業を煮やした宮内大輔は、政元を拉致するという強硬手段に出たのだ。

その宮内大輔を、丹波《たんば》で討ったのが誰あろう庄元資である。

これは想像だが、この遠征に盛時が同行していたのではないかと、筆者は見ている。むろん史料の裏付けはないが、借金の利子代わりとして（直接の借金の相手は渡辺帯刀丞だが、その原資は元資から出ていたはず）、盛時も丹波まで駆り出され、政元救出に一役買ったのではないだろうか。

後の盛時と政元との緊密な関係を思えば、それは十分に考えられる。

▲

人というのは、十代後半までに人格が固まり、老年を迎えるまで、さほど変わらないという。

若き頃の盛時が、相次ぐ飢饉による農村の荒廃や、応仁・文明の乱による為政者《いせいしゃ》たちの権力闘争を見るにつけ、何も思わなかったとは考え難い。謹厳実直《きんげんじっちょく》で正義と平等を尊ぶ後の早雲庵宗瑞の人格は、この頃、形作られていったのではないだろうか。

若き頃は誰しも理想に燃え、その理想の実現に邁進《まいしん》する。しかし世の中というものを知るにつれ、変にすれてきてしまい、理想を見失い、目先の損得ばかりを気にするようになる。

政治家などはその最たるもので、若い頃は理想に燃えていても、自らが世に出るために生じた様々なしがらみにがんじがらめとなり、結局、俗物と化していく。

ところが宗瑞は違った。自らの言葉と行動に責任を持ち、いかなる勢力や圧力にも屈せず、ぶれない生き様を貫いた。

偉人と凡人の違いはここにある。

第二章

東方への道

第二章では、応仁・文明の乱当時の関東の情勢から語っていこう。

室町幕府は、当初から完全な覇権を確立した政権ではなかった。その発足時、南朝は吉野に健在で、尊氏・直義《ただよし》兄弟の確執《かくしつ》も顕在化してきている上に、高師直《こうのもろなお》という権力欲旺盛《おうせい》な男が、実権を掌握《しょうあく》していたからだ。

この状態で鎌倉幕府同様、その政庁を関東に置いた場合、天皇を奪われたり、傀儡《かいらい》化されたりする危険がある。そのため幕府の本拠は京とせざるを得なかった。

しかし在地国人《こくじん》の勢力が強い関東には、新たな支配秩序を布かねばならない。

そこで尊氏は鎌倉に公方府《くぼうふ》を置き、初代公方に自らの次男・基氏《もとうじ》を据えて関東八カ国（相模《さがみ》、武蔵《むさし》、上総《かずさ》、安房《あわ》、常陸《ひたち》、上野《こうずけ》、下野《しもつけ》、下総《しもうさ》）に甲斐《かい》と伊豆を加えた十カ国の統治を行わせることにした（基氏の前に、一時的に尊氏嫡男の義詮《よしあきら》が就任）。

これが鎌倉公方である。

ちなみに鎌倉公方の名称は、政庁の置かれた場所を表している。これは後の古河《こが》公方も同様である。それゆえ、その職掌《しょくしょう》範囲から関東公方と呼んだ方が分かりやすい。

古文書などでは、関東管領《かんれい》（山内《やまのうち》上杉氏の関東管領とは別）または鎌倉御所や鎌倉殿とも呼ばれるが、ややこしいことこの上ないので関東公方で統一する。

よく誤解されるのだが、関東公方は幕府と並立するものではなく、あくまで政務上の決定権は幕府にあり、その決定に従って軍事指揮を執《と》ることが主たる役割である。その管轄《かんかつ》地域は、関東十カ国となる。

かくして関東公方に就任した基氏だが、この時、わずか九歳なので（鎌倉下向時は十歳）、政務執行機関として執事が置かれた。これが後に関東管領と呼ばれる職にあたる。

関東管領は、初期は高《こう》氏、畠山《はたけやま》氏、斯波《しば》氏などが就くこともあったが、次第に上杉氏に独占され、上杉氏の世襲職となっていく。

その後、関東公方は二代氏満《うじみつ》、三代満兼《みつかね》と続き、応永《おうえい》十六年（一四〇九）、四代の座に十二歳の持氏が就く。

都では、前年に三代将軍・義満《よしみつ》が死去し、四代義持《よしもち》の時代になっている。東西共に新しい大樹《たいじゅ》（将軍と関東公方共通の通称）が就いたわけだ。

ところが、持氏は成長するにしたがい、当時の関東管領・犬懸《いぬがけ》上杉氏憲《うじのり》（禅《ぜん》秀《しゅう》）に反発するようになっていく。

応永二十二年（一四一五）、二人の確執は些細《ささい》なことから火を噴き、上杉禅秀の乱に発展した。当初は、関東国衆の大半を味方に付けた禅秀方が有利だったが、都

足利将軍家と山内上杉家略系図

○数字は足利将軍歴代
□数字は鎌倉公方歴代
△数字は古河公方に変わってからの歴代
◇数字は関東管領歴代（諸説アリ）
※義澄と義材（義稙）以外の史名は最後に名乗ったもののみ記載

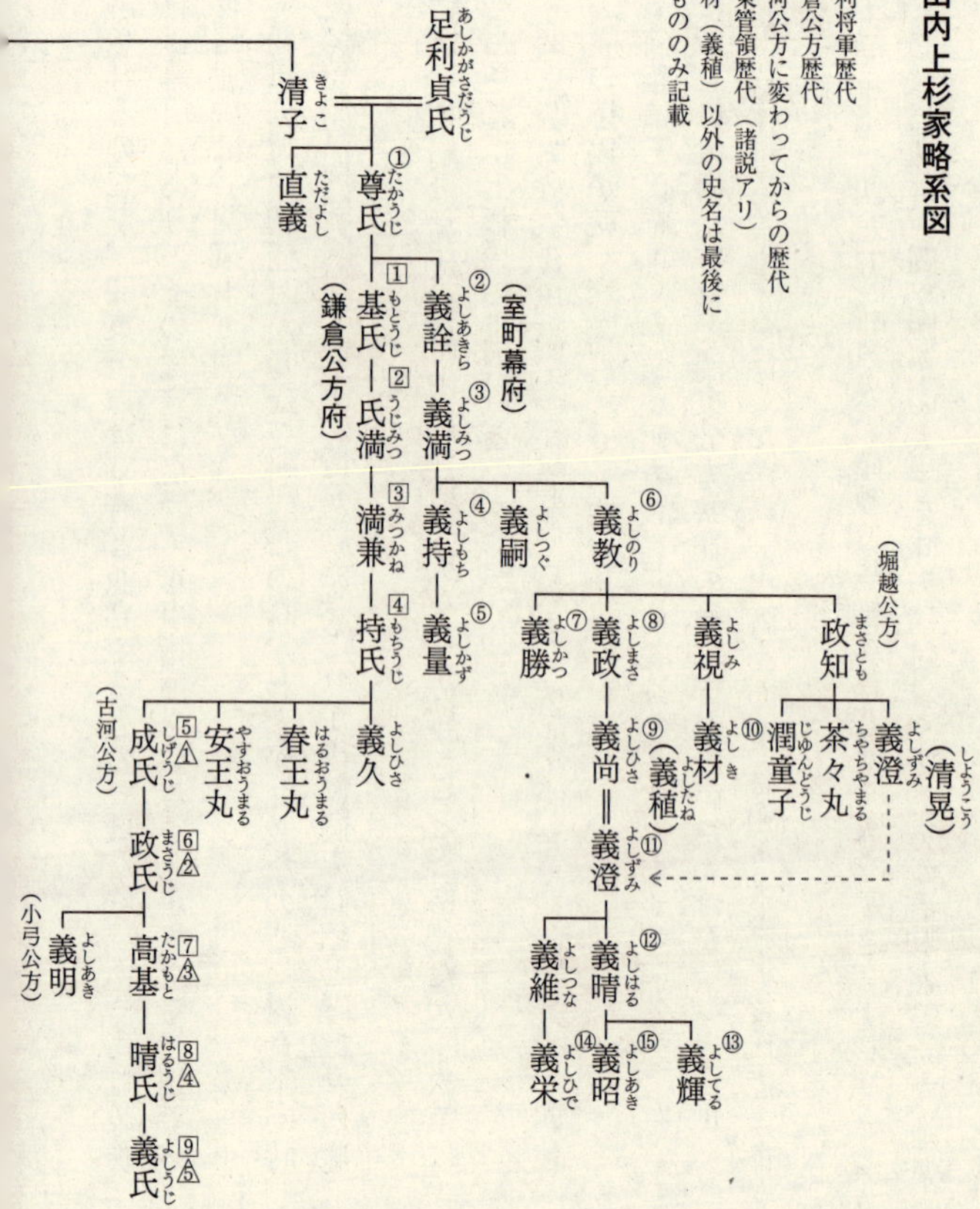

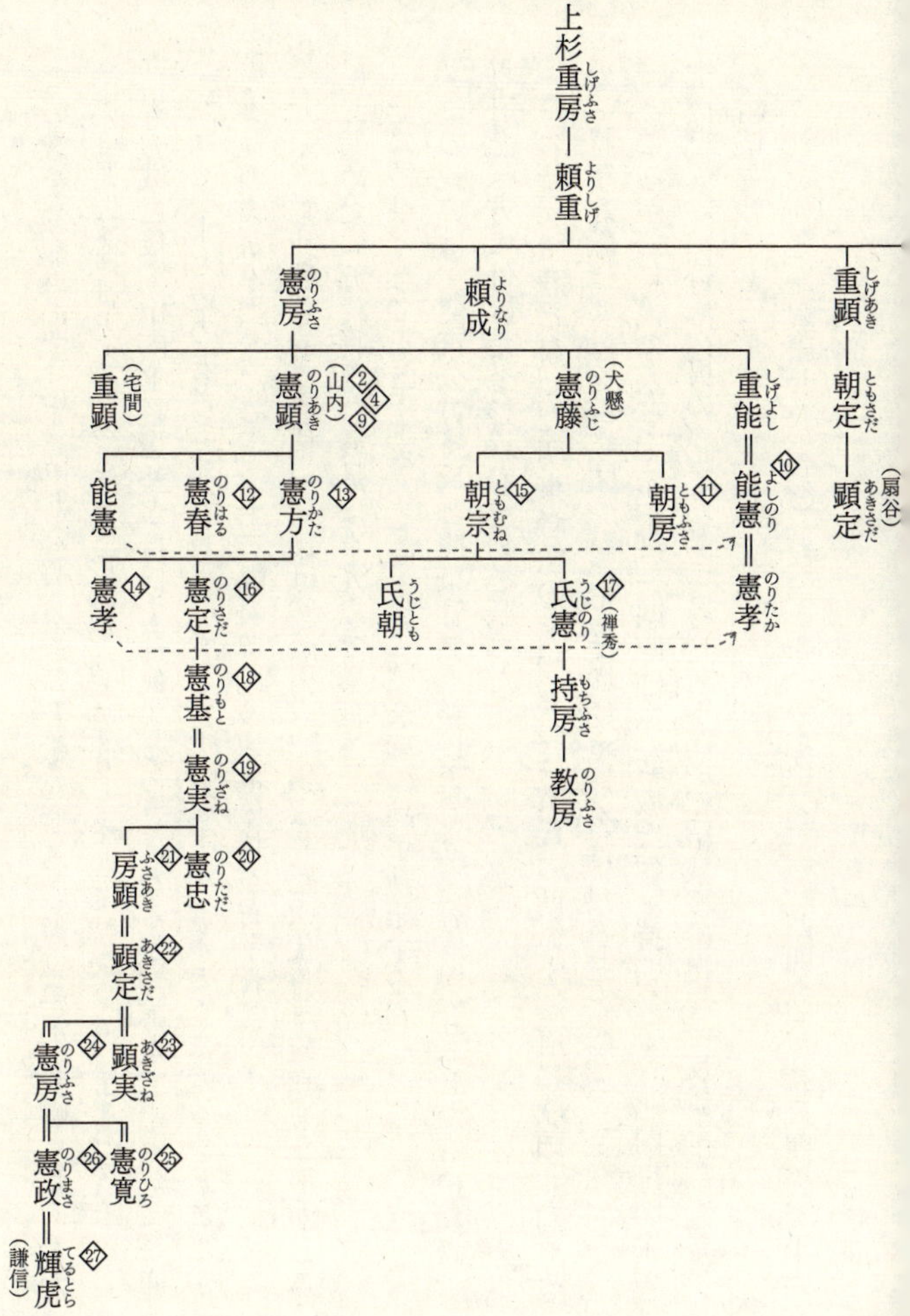

上杉重房《しげふさ》
頼重《よりしげ》
重顕《しげあき》
朝定《ともさだ》
顕定《あきさだ》
(扇谷)
頼成《よりなり》
憲房《のりふさ》
重顕
(宅間)
憲顕《のりあき》
(山内)
②④⑨
憲藤《のりふじ》
(犬懸)
重能《しげよし》
⑩
能憲《よしのり》
憲孝《のりたか》
能憲
憲春《のりはる》
⑫
憲方《のりかた》
⑬
朝宗《ともむね》
⑮
朝房《ともふさ》
⑪
憲孝
⑭
憲定《のりさだ》
⑯
氏朝《うじとも》
氏憲《うじのり》
⑰
(禅秀)
憲基《のりもと》
⑱
持房《もちふさ》
憲実《のりざね》
⑲
教房《のりふさ》
房顕《ふさあき》
㉑
憲忠《のりただ》
⑳
顕定《あきさだ》
㉒
憲房《のりふさ》
㉔
顕実《あきざね》
㉓
憲政《のりまさ》
㉖
憲寛《のりひろ》
㉕
輝虎《てるとら》
㉗
(謙信)

での政治的駆け引きに失敗し（将軍義持と敵対する義持庶弟《しょてい》の義嗣《よしつぐ》と組んだため）、幕府に賊徒とされることで形勢不利となり、やがて持氏に滅ぼされる。

禅秀滅亡後、山内上杉憲基《のりもと》が持氏を補佐することになるが、応永二十五年（一四一八）、二十七歳の若さで死去したため、養子の憲実《のりざね》が管領の座に就く。ところが憲実はわずか十歳のため、二十二歳の持氏の独裁体制が布かれていく。

元来、唯我独尊《ゆいがどくそん》的な性格の持氏は、籤引きで選ばれた六代将軍義教《よしのり》をないがしろにし始めた（五代将軍の義量《よしかず》は十九歳で早世）。

その結果として永享《えいきょう》十年（一四三八）、永享の乱が勃発《ぼっぱつ》する。

この戦いは、関東公方持氏と関東管領上杉氏の対立に幕府が介入したものだが、幕府を味方に付けた上杉氏が勝利を収めた。

この時、勝者となった関東管領の上杉憲実は持氏の助命を幕府に嘆願したものの、将軍義教はこれを許さず、持氏とその嫡男義久《ちゃくなんよしひさ》は自刃《じじん》して果てる。

ところが二年後の永享十二年（一四四〇）、結城氏朝《ゆうきうじとも》・持朝《もちとも》父子ら北関東国衆《くにしゅう》の支援を受けた持氏次男の春王丸《はるおうまる》と三男の安王丸《やすおうまる》が、結城城に拠《よ》って反旗を翻《ひるがえ》した。

結城合戦である。

これを何とか鎮圧した上杉方だったが、文安《ぶんあん》六年（一四四九）、持氏四男で十六歳の成氏《しげうじ》が関東公方の座に就くことで、再び対立の火種がまかれる。

享徳《きょうとく》三年（一四五四）、憲実の跡を継いで管領となった憲忠《のりただ》が、成氏により謀殺されることで享徳の乱が勃発する。

この戦いは関東を二分し、各地で大小の戦闘が頻発した。

翌享徳四年（一四五五）、成氏は、自らを支持する国衆の勢力が強い下総古河に本拠を移した。

古河公方の誕生である。

ちなみに成氏を支持した「関東諸侍」と呼ばれた国衆は、簗田《やなだ》、結城、小山《おやま》、小田《おだ》、宇都宮、千葉、里見ら、古くから関東各地に根を下ろした国人たちである。

彼らは伝統的に中央政権に反抗的で、その代理人にあたる関東管領上杉氏とも、事あるごとに対立してきた。彼らが反乱の大義を得るための格好の存在こそ関東公方だった。

長禄元年（一四五七）、古河公方への対抗措置として、幕府は将軍義政の異母兄・政知《まさとも》を還俗《げんぞく》させ、翌年、新関東公方として関東に下向《げこう》させる。ところが政知は鎌倉に入れず、伊豆の堀越《ほりごえ》に本拠を定め、堀越公方と呼ばれるようになる。

これにより、古河と堀越に関東公方が並立するという異常な事態が起こった。

以後、古河公方と「関東諸侍」陣営と、堀越公方と上杉陣営という対立の構図ができ上がり、双方は利根川を挟んで武力衝突を繰り返すことになる。

こうした最中《さなか》の文明八年（一四七六）、山内上杉氏の家宰《かさい》（執事）職にあった白井《しろい》長尾景信《かげのぶ》が死去した。

関東管領家における家宰とは、別名「管領の代官」と呼ばれ、関東管領の職務をこなすために組織された奉行人の頭《かしら》のことである。家宰は守護代《しゅごだい》職を兼ねることが多く、主に在地領主の所領や諸職の充行《あてがい》と安堵《あんど》、訴訟の裁決、軍事指揮権、検断《けんだん》権（警察機能）、段銭《たんせん》・賦役《ぶえき》の徴収と免除など、絶大な権限を有していた。

すでにこの頃、白井長尾氏の勢力は、関東で山内上杉氏と両翼を成す相模守護・扇谷上杉《おうぎがやつ》氏を凌駕《りようが》するほどになっており、主の山内上杉氏をも脅《おびや》かすほどだった。そのため当時の関東管領である顕定《あきさだ》は、家宰職を景信嫡男の景春《かげはる》に継がせず、景信弟の惣社《そうじゃ》長尾忠景《ただかげ》に継がせた。

しかしこの措置は、家宰職が父祖の代からの世襲職と思い込んでいた景春にとって、極めて心外だった。これを容認すれば様々な権益が剝奪《はくだつ》され、収入も激減する。怒った景春は反旗を翻した。

長尾景春の乱である。

この文明八年は、二十一歳の伊勢盛時が駿河《するが》に下向し、今川氏の家督争いに介入した年と言われている。

この年の二月、駿河守護・今川義忠《よしただ》が不慮の討ち死にを遂げたため、嫡子《ちゃくし》でわずか五歳の竜王丸《まる》（後の今川氏親《うじちか》）と、義忠の従弟にあたる小鹿《おしか》新五郎範満《のりみつ》の間で、後継の座をめぐって内訌《ないこう》が起こった。

義忠の正室で竜王丸の母は、盛時の姉の北川殿《きたがわどの》であり、その要請に応えた盛時は駿河に下向し、小鹿方の代理人である太田道灌《どうかん》と談議に及び、調停を成功させたことになっている。

範満は道灌の主である扇谷上杉氏と縁戚関係にあり、当主である定正《さだまさ》の依頼を受けて、道灌が交渉の座に着いたのだ。

かくして駿河を舞台に、室町秩序の護持者である道灌と、戦国時代の幕を開けることになる盛時の、ただ一度きりの劇的な出会いが叶ったわけだが、実は、この話は史実とは考え難い。

というのも最新研究では、この時の盛時の活動は、十一年後の長享《ちょうきょう》元年（一四八七）十一月の範満討伐時と混同されているというのだ。

確かに、単身で駿河に下向したであろう二十一歳の盛時が、三百の兵を率いて駿河にやってきた四十五歳の道灌を相手に、丁々発止《ちょうちょうはっし》の駆け引きを繰り広げたというのも考え難い。

こうした経緯から今では、扇谷上杉家と堀越公方家の支持を背景とした道灌の進駐により、駿河守護の座に小鹿範満が就いた、と考えるのが妥当とされている。

この時、「範満は竜王丸元服《げんぷく》後、家督と守護職を譲る」という約束が取り交わされ、道灌と盛時が合意に至ったという言い伝えもあるが、これも、後の盛時による範満征伐を正当化するための方便と考えられている。

また盛時には、その前後に京や備中で活動している痕跡があることから、盛時の文明八年の駿河下向はなかったと見るべきであろう。残念ながら、道灌と盛時の出会いと駆け引きは、史実ではなかったのだ。

△

話を関東に戻そう。

上杉方の武略を一手に担っている道灌が、今川氏の家督争いを収めるために駿河に赴《おもむ》いたことは、長尾景春にとって、謀叛《むほん》を起こす絶好の機会が到来したことを意味する。

武州《ぶしゅう》鉢形《はちがた》城で旗揚げした景春の勢力は、関東一円の中小国衆を中心に四千から五千に膨《ふく》れ上がり、各地で上杉方の国衆と衝突した（室町末期では五千でも大勢力である）。

当初、劣勢だった上杉方だが、道灌の帰還と同時に攻勢に転じ、各地で景春方を破った。

道灌の軍略の前に崩壊寸前となった景春方だったが、かねてより懇請《こんせい》していた古河公方の参戦が叶うことによって息を吹き返す。

しかし文明十年（一四七八）一月、上杉方を上野《こうずけ》国北方まで追い詰めた公方成氏は、幕府への取り成しを条件として、詫びを入れてきた上杉方と和睦《わぼく》してしまう。

これが都鄙《とひ》和睦である。

成氏の政治目標は関東での覇権確立ではなく、幕府の正式機関として古河公方府を認めさせるという点にあった。

こうした旧態依然とした価値観から脱却できないところが、成氏をはじめとした、この時代を生きる人々に共通している点だった。

成氏から支援を打ち切られた景春は孤立し、道灌に鉢形城を落とされ、秩父山中に逃走する。これにより長尾景春の乱は終息する。

しかし都鄙和睦は、上杉方の苦し紛《まぎ》れの空証文《からしょうもん》であり、当初、幕府は古河公方府を認めなかった。それが正式なものとなるのは、文明十四年（一四八二）十一月まで待たねばならない。

この時、いつまで経っても埒《らち》の明かない交渉に嫌気がさした成氏は、景春を京に派遣した。景春は古河公方を幕府に認めさせることにより、上杉方の勢力の減殺《げんさい》を策していたからだ。

景春の外交的活躍によって真の都鄙和睦が成立し、三十年にわたった享徳の乱も終結した。

一方、享徳の乱と、その最中に勃発した長尾景春の乱において、最も功のあった道灌は、自らの傍輩《ほうばい》（同格の立場の傘下《さんか》国衆など）や被官（家臣）に、景春方国衆から取り上げた所領を宛行《あてが》ったため、自然、扇谷上杉氏の勢力が伸張した。

ところが景春与党は、元を正せば山内上杉氏傘下国衆であり、これにより山内上杉氏の勢力は削減され、当主の顕定は扇谷上杉氏への反感を強めていく。それが長享の乱への伏線となる。

また扇谷上杉氏内部でも、定正と道灌の確執が深まっていた。道灌は主を主とも思わず、専横を極めるようになり、遂には定正の止めるのも聞かず、千葉氏との国《くに》境《ざかい》をめぐる私戦さえ始める始末だった。

こうした人間関係のもつれが、文明十八年（一四八六）七月の道灌謀殺につながっていく。その詳細については次章に譲る。

ちなみに長尾景春の乱については、拙著『叛鬼《はんき》』（講談社）に詳しく記した。道灌、景春、盛時という旧体制の守護者、破壊者、新時代の創建者という三者三様の生き様を、小説を通してお楽しみいただければ幸いである。

▲

さて盛時である。

文明八年に駿河に赴いたにしても、赴かなかったにしても、同十三年（一四八一）には、生国《しょうごく》の備中か京に戻り、二十八歳の同十五年（一四八三）には、九代将軍義尚《よしひさ》の申次《もうしつぎ》になっている。

　この職に就いたということは、盛時が、かつて言われていたような伊勢の素浪人《すろうにん》どころか、室町幕府のエリート中のエリートだったことを証明している。

　父の盛定は、将軍義政の独裁政治を支えた政所執事《まんどころしつじ》・伊勢貞親の側近として（義弟にあたる）、幕府の政治の中枢を担った一人であり、当代随一の実力者である今川義忠に、自らの娘（北川殿）を輿入《こしい》れさせるほどの大物である。その嫡男の盛時は、幼少時から幕府の政治の中枢を担うべく教育されてきたに違いない。

　つまり盛時が義尚の申次となったことは、父の盛定同様の地位を得た、ないしは得ることを約束されたことを意味する。

　このまま行けば、前代の義政―細川勝元―伊勢貞親―伊勢盛定と対《つい》を成すように、義尚―細川政元―伊勢貞宗―伊勢盛時という政治体制が布かれるはずだった。

　しかし盛時が申次の座にいたのは、文明十五年十月から同十九年四月までの三年半ほどで、管見《かんけん》ながら当時の活躍を示す史料は、土地相論《そうろん》の証言者となった一件だけである。

　結局、奏者として盛時が、どれほど政務にかかわっていたのかは定かでない。

　すでに義尚は、文明五年（一四七三）に父義政から将軍職を譲られており、この時、二十歳前後で、有能であれば将軍親政も可能な年齢に達している。

この時代は、応仁・文明の乱の後遺症から細川・山名・畠山・斯波・赤松といった有力守護大名が立ち直っておらず、都は復興どころか、焼け野原のままだった。

こうした時代だからこそ、将軍の権威による親政が期待されていた。ところが、義尚―政元―貞宗―盛時という新たな政治体制は機能しなかった。その理由は定かでないが、義尚の人格や気質に原因があったのではないだろうか。

義尚は感情の起伏《きふく》が激しい人物だったらしく、文明十二年（一四八〇）と十三年の二度にわたり、髻《まげ》を落とすといった奇行に走っていた。髻を落とすのは出家することを意味し、何か大きな不満があるという意思表示である。

つまり義尚は、種々の権限を委譲しない父の義政に不満を抱き、髻を落とすという行為に及んだとされるが、その不安定な気質から、些細なことでも、すぐに感情的になったのではなかろうか。

こうしたことが繰り返された末、文明十四年（一四八二）七月、遂に義政は、義尚への権限の委譲を宣言するに至った。それにより幕僚を強化する必要に迫られた義尚は、備中から盛時を呼び寄せたのだと思われる。

しかし訴訟裁許権はともかく、所領の安堵・宛行、守護職補任《ぶにん》権、軍事指揮権、有力寺院の住持任免権などについての義尚への移譲は、文明十五年の時点では十分になされておらず、多分にあいまいさを残す体制となっていた。

義政は政治に熱意を持っていたわけではないが、権益意識だけは高く、職掌《しよくしよう》分担をはっきりさせて、責任範囲を明確にすることを嫌い、何事もあいまいに処理することを好んだ。

このように前時代的な主従制的支配権を握り続けた義政は、法的に保証された義尚の統治権的支配権を侵害し続けていた。これはまさに院政であり、室町幕府の弱体化を促進する効果しかなかった。

実質的権限を持たない義尚にも同情の余地はあるが、義尚は過度に直情径行型で怒りっぽく、多分に人格的問題のある人物だったので、さらに事は厄介だった。

長享元年（一四八七）九月、義尚は、六角高頼《ろつかくたかより》征伐で近江《おうみ》に親征すると宣言した。

高頼が寺社領を押領《おうりよう》したまま数度にわたる警告にも耳を貸さなかったことが、その理由だが、それだけで三代義満以来の将軍親征というのも大げさである。ただでさえ財政的に苦境にある幕府にとり、将軍親征にかかる費用負担は大きなものとなった。

この時、政権中枢にいたはずの盛時は何を思っていたのだろう。

「寺社の権益を守るために大金を使うくらいなら、窮迫《きゅうはく》する民《たみ》のために使うべきでは」と考えていたのではないだろうか。

▲

三十二歳という働き盛りの盛時が華々しい活躍を見せ始めるのは、長享元年からだった。この年の十一月、盛時は駿河国に下向し、小鹿範満を討伐《とうばつ》している。

つまり義政と義尚の権力闘争、さらに意味のない義尚の親征に嫌気が差し始めていた盛時の許に、姉の北川殿から応援要請が入ったわけである。

これを政元と貞宗に相談すると、「それなら駿河に行ってこい」となったのではないだろうか。足利家御一家衆である駿河守護・今川氏の安定は、二人の政治的立場を安定化させることにつながる。

盛時の駿河での活躍について触れる前に、その後の義尚について簡単に記しておこう。

二万の大軍を率いて近江に出陣した義尚だったが、討伐の成果を上げられないでいた。政元ら幕僚は、再三にわたり兵を引くよう義尚に諫言《かんげん》したが、義尚は在陣を続けた挙句《あげく》、酒色におぼれて陣中で病《やまい》を得、長享三年（一四八九）、二十五歳という若さでこの世を去る。

これにより、政治の中心に義政が返り咲き、それが次代の義材《よしき》（後の義稙《よしたね》）と清晃《しょうこう》（後の義遐《よしとお》、義高《よしたか》、義澄《よしずみ》）の跡目争いに発展していくのだが、それについては次章に譲ろう。

盛時は四月まで申次を務めた後、いったん備中に戻り、荏原荘内三百貫の所領を従兄弟《いとこ》に売却した上、父の菩提寺である法泉寺の外護《げご》までも依頼している。つまり全財産の処分だけでなく、自らの生きた痕跡さえも見事に消し去り、備中荏原荘との一切の縁を断ったのだ。

一所懸命という言葉にもある通り、いったん手にした土地を容易に手放そうとしないのが、鎌倉以来の武士の本分であり、こうした思い切りのよさは盛時ならではと言える。

この時、庶弟《しょてい》の弥二郎に、荏原荘の権利が譲られなかったのも不思議である。弥二郎の母親の身分がいくら低くても、庶弟である限り、財産を譲り受ける権利はある。

推測だが、おそらく弥二郎は盛時と行を共にすると主張したのではなかろうか。決して広くはない所領にしがみつき、守護代や地侍《じざむらい》勢力から、それを守るだけの生涯を送るくらいなら、兄に賭けてみようという気になるのも分かる。

しかし弥二郎は、盛時の駿河下向には同行しなかった。延徳《えんとく》三年（一四九一）の将軍義材による六角高頼征伐に、弥二郎が同行したとの記録があり、奉公衆として京に残っていたらしい。

この時、弥二郎は、政元らと盛時の間を取り持つ連絡役をしていたのではないだろうか。

いずれにしても盛時は、いまだ鎌倉武士の伝統を受け継ぐ一所懸命の時代に、過去を断ち切るかのごとく所領を捨て、故郷を後にしている。

どのような思いを抱いて盛時が、駿河に下向したかは定かでない。

しかし、そうした感情に立ち入ったことを想像して描くのは、小説家の仕事であろう。

もしご興味があれば、拙著『黎明《れいめい》に起つ』をお読みになっていただきたい。

第三章

落日の室町幕府

長享《ちょうきょう》元年（一四八七）、竜王丸《りゅうおうまる》（後の氏親《うじちか》）を支持する一派の兵を率いた盛時《もりとき》は、文明八年（一四七六）以来、今川氏の当主の座にあった小鹿範満《おしかのりみつ》を討ち取った。

しかし、この合戦の詳細は伝わっていない。

十一月九日が範満の命日であり、十月二十日に氏親初の寺領安堵状《あんどじょう》が出ていることから、十月初旬から断続的に軍事衝突が始まり、十一月初旬、駿府館《すんぷやかた》に追い込まれた範満が討ち取られることで、今川氏の内訌《ないこう》が決着したと推測できる。確実な史料こそないものの、戦後に下《くだ》された恩賞の大きさからすると、この内訌において、盛時が竜王丸側の中心人物だったことは間違いない。実戦の指揮を執《と》った可能性も高い。

しかし、徒手空拳《としゅくうけん》で駿河《するが》入りしたはずの盛時が、にわかに軍勢を催し、駿河守護職か、それに準じる地位にあったはずの小鹿範満を討ち取ったというのも不思議である。

この謎を解く鍵として考えられるのが、「正当性」である。

実は文明十一年（一四七九）、すでに竜王丸は、前将軍の義政《よしまさ》から「駿河今川氏の家督《かとく》継承者であることを認める」という書付《かきつけ》をもらっており、範満がその座に居

伊勢宗瑞の妻子

伊勢宗瑞
新九郎・盛時

＝小笠原政清娘・
葛山《かつらやま》氏娘・
善修寺殿

北条
氏綱《うじつな》
新九郎・左京大夫
母小笠原政清娘

氏時《うじとき》
初代玉縄城主

氏広
葛山氏養子

三浦氏員室
長松院殿《ちょうしょういんどの》
母善修寺殿

幻庵宗哲《げんあんそうてつ》
箱根権現別当
母善修寺殿

青松院殿《せいしょういんどの》
母善修寺殿

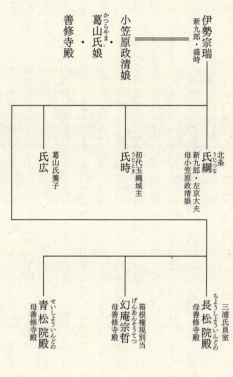

座り続けることは、違法となっていた。

長享元年九月、新将軍義尚《よしひさ》は近江《おうみ》に出陣し、六角《ろっかく》氏を討伐《とうばつ》中であり、諸国に幕府の威令を行き届かせようとしていた折でもある（文明十九年は七月二十日に長享元年に改元）。

義尚は幕府の威権回復を目指しており、むろん駿河とて例外ではない。

そうした流れをうまく捉えた盛時は、幕府権力を背景にした己に大義名分があることを使い、国衆らを巧《たく》みに説き、範満征討に駆り立てたのではないだろうか。

いずれにしても盛時は小鹿範満を討ち取り、この時の功により富士下方《しもかた》十二郷を拝領し、本拠を興国寺《こうこくじ》城に定めた（善得寺《ぜんとくじ》城という説もある）。

かくして西から来た男は、駿河国の東方に所領を得た。

この措置は、範満派だった堀越公方《ほりごえくぼう》家への牽制《けんせい》役を託された（自ら担った）と考えられているが、その後の行動を見れば、この頃から盛時が、関東進出を企てていたとしても不思議ではない。

盛時にとって人生の画期となった長享元年だが、私的にも長男（後の氏綱《うじつな》）の誕生という幸福に恵まれた。

氏綱を生んだ正室は、義尚の弓馬《きゅうば》師範を務める小笠原政清《おがさわらまさきよ》の娘である。この小

長享元年（1487）頃の駿河・伊豆の主な城郭

笠原氏は信濃《しなの》小笠原氏の分家で、京都小笠原氏と呼ばれ、六代将軍義教《よしのり》の時代から将軍家の弓馬師範を務めていた由緒ある家柄である。

小笠原氏は伊勢氏と並んで室町幕府の武家故実《こじつ》を担う名家であり、家格の釣り合いが取れた婚姻でもあった。

▲

この頃の関東にも目を向けておきたい。

文明十四年（一四八二）十一月、古河《こが》公方と上杉陣営との間で都鄙《とひ》和睦《わぼく》が成り、享徳《きょうとく》の乱が終結することで、関東には一時的な平和が訪れていた。

しかし享徳の乱は、これまでの古河公方陣営対上杉陣営という単純な図式から、相模《さがみ》守護・扇谷《おうぎがやつ》上杉氏の家宰《かさい》である太田道灌《どうかん》の台頭という新局面を生み出した。

すなわち対古河公方戦も、その最中に勃発《ぼっぱつ》した関東管領《かんれい》・山内《やまのうち》上杉家中の内訌である長尾景春《かげはる》の乱も、両上杉氏は道灌の力に頼るところが大きく、道灌の軍略と太田氏固有の軍事力で、上杉氏の領国と威信を保つ形になっていた。

しかも道灌は、この時代に生きる武将として当然のごとく、傍輩《ほうばい》や被官に対し

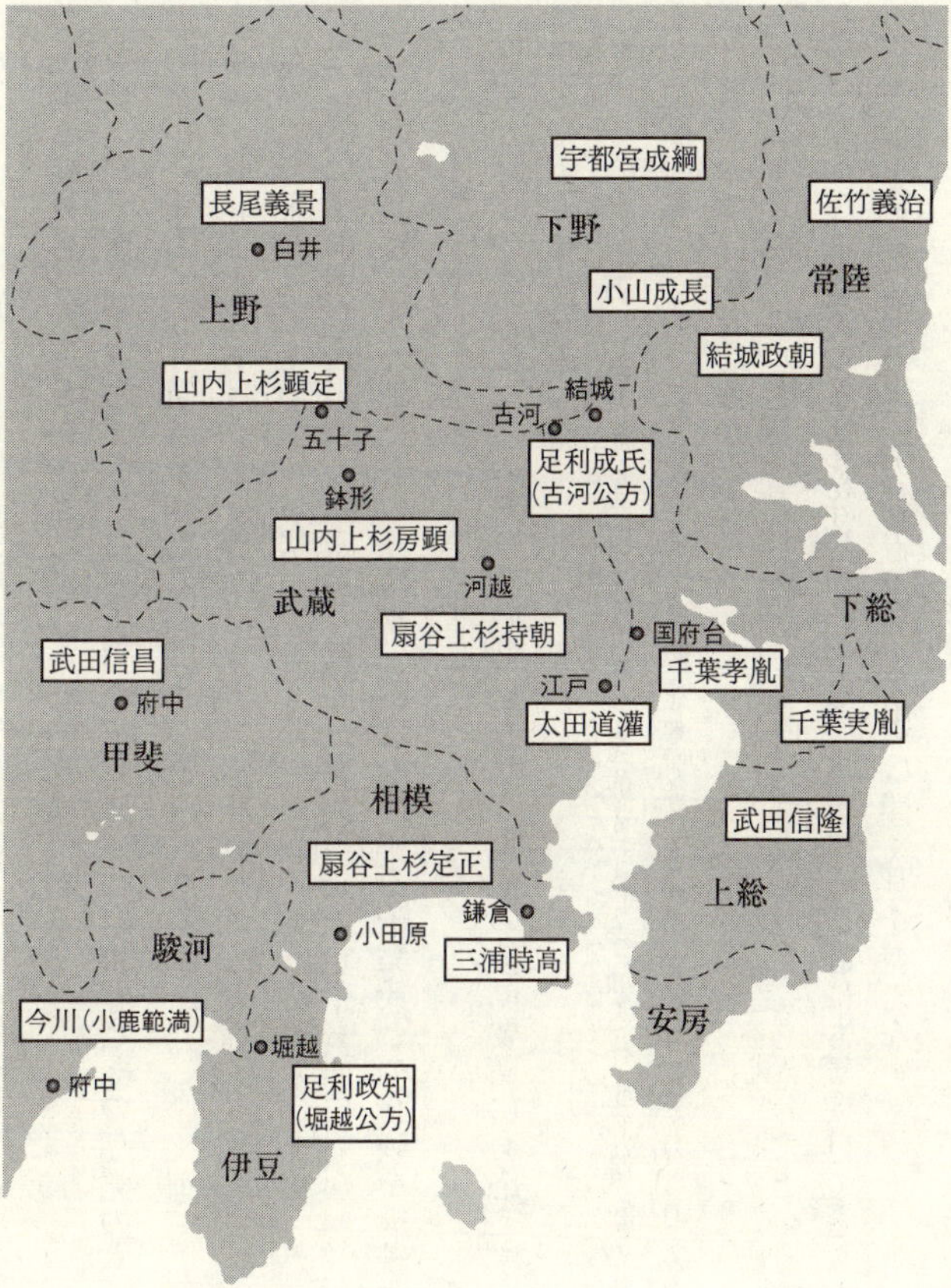

長享元年頃の関東一円の勢力分布図

て、働きに見合った恩賞を下さねばならない立場にある。

ところが、道灌が実力で手にした所領や権益は、長尾景春とその与党のものがほとんどで、それらは、元を正せば山内上杉氏のものだった。

つまり山内上杉氏のものが、扇谷上杉氏を通り越して、道灌のもの、ないしはその傍輩や被官のものとなったのだ。

これでは山内上杉氏当主の顕定《あきさだ》も、扇谷上杉氏当主の定正《さだまさ》も面白くない。

しかも道灌は二人の制止を振り切り、国境を接する千葉氏との合戦を継続するなど、勝手な振る舞いが目立ってきた。

顕定と定正の二人は、この戦を私戦と見なし、道灌の後詰《ごづめ》要請にも応えず、道灌に戦《いくさ》をやめるよう勧告した。

というのも、古河公方陣営の軍事的中核を成す千葉孝胤《のりたね》と、上杉陣営の柱石《ちゅうせき》である道灌が戦うということは、都鄙和睦を無効にすることにつながり、せんじ詰めれば幕府への謀叛《むほん》となるからだ。

顕定には、実父の越後《えちご》上杉房定《ふささだ》経由で幕府に都鄙和睦を持ちかけたという経緯もあり、こうした道灌の専横を許していては、実家にも幕府にも顔向けできない。

しかし顕定と定正の再三の勧告にも、道灌は聞く耳を持たない。

扇谷上杉家・白井長尾家略系図

○数字は扇谷上杉家当主累代

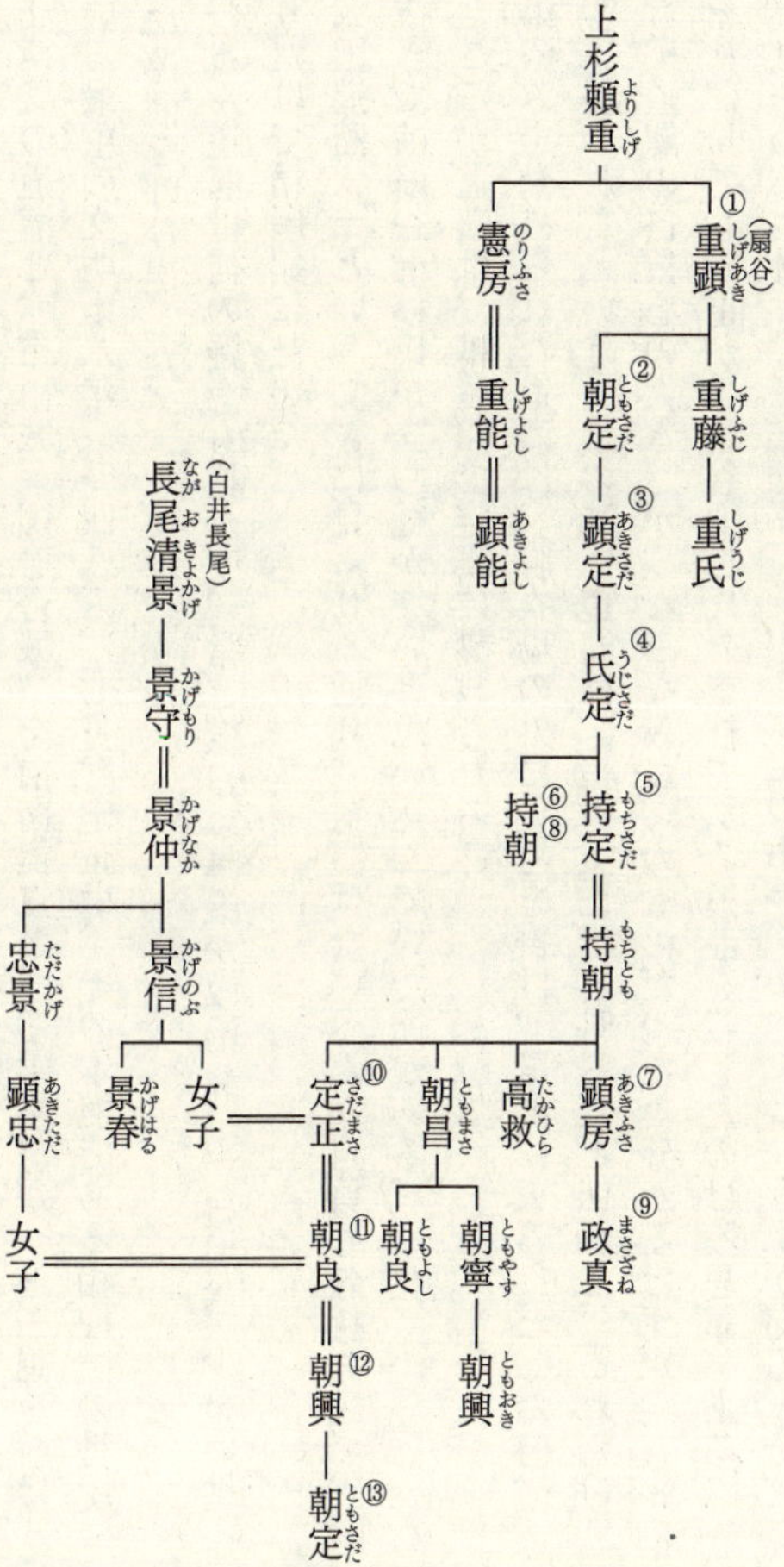

こうなってしまえば、残る手は一つである。

江戸城の道灌と、市川城（国府台城《こうのだい》）を前衛拠点とする千葉勢が一進一退を続けている最中《さなか》の文明十八年（一四八六）七月、定正は、その本拠である相模国の糟屋《かすや》館《やかた》に道灌を呼び出した。

むろん道灌は何の疑念も抱《いだ》かず、常と変らぬ軍議か政治評定《ひょうじょう》と信じ、少ない供回りだけで糟屋館に赴《おもむ》いた。

「太田道灌状」という文書に見られる通り、道灌はたいへんな自負心の持ち主で、己抜きでは扇谷上杉氏が立ち行かないと思い込んでいた節《ふし》がある。

ところが道灌は、糟屋館で定正に謀殺される。

湯浴《ゆあ》みを勧められた道灌は、脱衣場の外に太刀《たち》を掛け、風呂に入ろうとした時、刺客に襲われたという。この時、道灌は「当方滅亡」と叫んだと伝わる。これだけでも、道灌の自負心の大きさが、なみなみならぬものだったと分かるはずだ。

それにしても定正が、扇谷上杉氏の支柱である道灌を殺したのは不思議である。

実はその裏には、「道灌謀叛」という顕定の指嗾《しそう》があったという説がある。それを真《ま》に受けた定正が、疑心暗鬼《ぎしんあんき》に駆られて行った謀殺だったというのだ。

むろん真実は闇の中だが、この後の顕定の行動を見ると、さもありなんとも思えてくる。

道灌謀殺に続く太田氏勢力の掃討《そうとう》戦で、定正に攻められた道灌の嫡男《ちゃくなん》・資康《すけやす》は、江戸城などの拠点から退去し、顕定の許《もと》に逃げ込んだ。むろん顕定の指嗾など知るよしもなかっただろう。

これにより、太田氏の領土と権益が定正の手に帰《き》した。しかしそれでは、顕定にとって根本的解決には至っていない。顕定は、道灌に討伐された長尾景春と、その与党勢力の所領を取り戻したいのである。

顕定は一転して定正討伐を決意し、扇谷領に攻め込んだ。

道灌のいない扇谷上杉氏など物の数ではない、と顕定は思っていたに違いない。

一方、さすがの定正も、顕定にはめられたと気づいた。

長享の乱の始まりである。

古河公方陣営対上杉陣営という図式から、山内上杉氏対扇谷上杉氏という図式になって、関東の争乱は再開された。

太田道灌という人物を知るための最適のテキストこそ、「太田道灌状」である。

この長文の書状は、上杉顕定の被官・高瀬氏にあてて書かれたものだというが、その内容は、顕定に対する不満や鬱積《うっせき》を縷々《るる》述べたもので、道灌の人間臭さを知る上で重要だ。

この書状には、己の実績に対する過度な自負心や自己正当化が堂々と記されており、事情を理解していないと、道灌の人間性を疑ってしまうほどである。

確かに、道灌の軍事的実力と実績は傑出《けっしゅつ》していた。しかし積み上げられた実績が自信過剰につながり、主筋に対する配慮を怠《おこた》ってしまったことが、その寿命を縮めたことは間違いない。

制御《せいぎょ》できないほどの自己肥大化が、己の身を滅ぼしてしまったのだ。

かつて筆者は『道灌謀殺』と題した短編を書いた（講談社刊『疾《はや》き雲のごとく』所収）。

巨大な自我をもてあまし、それにより身を滅ぼした巨人道灌から学んだ盛時（早

がわれわれに教えてくれている。

も、それに溺れることなく自己を保ち続けることが、いかに難しいか、道灌の最期

「挫折なき成功の連続」こそ、人生において最も恐ろしく、成功が限りなく続いて

雲）が、それを戒《いまし》めとして生きていくというテーマである。

▲

盛時が小鹿範満を討ち取った翌年の長享二年（一四八八）、山内上杉顕定と扇谷上杉定正の間で「関東三戦」と呼ばれる大合戦が勃発した。

「関東三戦」とは、二月五日の実蒔原《さねまきはら》合戦、六月十八日の須賀谷原《すがやはら》合戦、十一月十五日の高見原合戦のことである。

このいずれにも、定正は勝利した。

しかし、いくら勝利を重ねたところで、定正は顕定を滅ぼすには至らず、山内上杉氏の領国を侵食しては兵を引くことを繰り返していた。

『永享記《えいきょうき》』にはこうある。

「高見原の合戦までは、扇谷殿、毎度勝ちに乗じられると雖《いえど》も、人馬《じんば》皆疲れぬ。若

党その数を知れず討たれけり。されば山内方はいずれも大名高家《こうけ》にて軍勢たくさんなれば、たとえいくさに負けること、度々なりと雖も、分国《ぶんこく》広ければ、重ねて大勢を催し、扇谷を退治せんに、最も容易《たやす》かるべしとぞ申しける」

つまり国力に差があり、定正が戦で無類の強さを発揮しても、新たに獲得した所領の維持がままならず、撤退放棄を繰り返しているうちに、勝利が元の木阿弥《もくあみ》と化してしまうというのだ。

まさに後年、小牧《こまき》・長久手《ながくて》合戦に勝利しても、結局、国力の差から羽柴《はしば》秀吉に臣従せざるを得なかった徳川家康と同じような状況に、定正は陥っていた。

それでも後の戦国大名であれば、外交や調略《ちょうりゃく》を駆使《くし》し、敵方の寄子《よりこ》国衆《くにしゅう》を寝返らせるといった手を使うのだが、定正は、そうしたことを不得手《ふえて》としていた。

残された書状などからもうかがえることだが、定正は生粋《きっすい》の軍人であり、政治的駆け引きに長《た》けていなかったのだ。

それでも顕定を撃破した定正は、延徳《えんとく》二年（一四九〇）十二月　顕定から武蔵国《むさし》全面放棄を条件に和睦を締結し、武蔵国の主となった。

ここまでが長享の乱の第一幕である。

一方、幕府から関東公方を拝命し、東下した堀越公方・足利政知《まさとも》だったが、都鄙和睦が成立し、将軍義政が古河公方府を認めることで宙に浮いた存在になり、伊豆一国を下賜《かし》されるにとどまった。

「話が違う」と、政知が思ったとしてもおかしくない。

そうなれば、すでに京に送り込んでいた嫡男の清晃《しょうこう》を将軍位に就けることが、唯一の逆転技である（すでにこの頃、将軍義尚の病状は重篤《じゅうとく》となっていた）。

政知は嫡男の清晃を将軍に、次男の潤童子《じゅんどうじ》を堀越公方に据え、それを自らが後見することで、東西共に自らの支配下に置こうとした。

この壮大な構想を実現させるには、堀越公方家を継がせるつもりでいた庶長子の茶々丸を排除せねばならない。

政知は茶々丸を土牢に幽閉した。

茶々丸の母親は、清晃や潤童子の母の武者小路《むしゃこうじ》氏ではないため（おそらく山内上杉家傘下《さんか》の伊豆国衆の娘）、将来、謀叛を起こされる可能性があったからである。

しかし、ここで殺さなかったことが、後に大きな禍根《かこん》を生む。

関東で長享の乱の第一幕が終結する直前、京では将軍義尚が死去した（正確には近江国鈎《まがり》で陣没）。翌延徳二年（一四九〇）正月には義政が死去する。

むろんそれだけで、清晃が将軍位に就けるわけではない。

清晃のライバルには、義視の息子の義材《よしき》がいた。

義視は、義材を将軍位に就けるべく画策する。

一方、政知から清晃を託された管領の細川政元《まさもと》は清晃を推す。

この時、決定権を握っていたのは、義政の未亡人・富子《とみこ》である。

富子にとって、義視は富子の妹・良子《よしこ》の夫であり、富子唯一の男子である義尚を除けば、義材は富子にとって血縁的に最も近い男子となる。

結局、義政の遺言と称して、富子が義材を推したため、同年七月になって、将軍位に義材が就いた。

政元と政知は落胆したが、義視は富子に利用価値がなくなると、その要求を無視するようになった。

実はこの頃、義視は畠山政長《はたけやままさなが》と親密になり、畠山家の武力を恃《たの》むことで、富子の権力を葬り去ろうとしていたのだ。

ところが、その義視が突然の病に倒れ、延徳三年（一四九一）正月に死去してしまう。これにより義材陣営は危機に陥る。

義視にだまされたと知った富子は、すでに清晃支持に転じていたため、政元が企《たくら》んでいる政変の素地が整った。

しかし同年四月、今度は堀越公方の政知が病死してしまう。しかも七月、家督相続の道の閉ざされた茶々丸が反乱を起こし、義母の円満院（政知正室、清晃の実母）と潤童子（清晃の同腹弟）を殺害し、堀越公方家を乗っ取ってしまったのだ。茶々丸の背後には山内上杉顕定がおり、その軍事力を背景にした政変である。

顕定は都鄙和睦を推進した中心人物であり、政知の遺児たちが将軍や堀越公方に就くことで、古河公方討伐の気運が高まることを嫌い、茶々丸に政変を指嗾したと思われる。

かくして中央に孤立する将軍義材、政権奪取の構図を書き直さねばならなくなった政元、双方共に厳しい状況に立たされた。

ここでもう一度、延徳三年から翌明応元年（一四九二）頃の勢力図を整理してみよう。

将軍義材派
幕府管領：畠山政長
越後守護：上杉房定
関東管領：山内上杉顕定
堀越公方：足利茶々丸

清晃派
元幕府管領：細川政元
河内《かわち》守護：畠山基家《もといえ》（義豊）
播磨《はりま》・美作《みまさか》・備前守護：赤松政則《まさのり》
政所執事：伊勢貞宗・貞陸《さだみち》父子
相模守護：扇谷上杉定正
駿河守護：今川氏親
今川氏の家宰的立場：伊勢盛時

こうした人間関係を前提にして、細川政元の明応二年の政変と、それに連動した盛時の伊豆討ち入りが起こる。

このあたりの政治状況は真に複雑だが、伊勢の素浪人の北条早雲が、野心の焔《ほむら》をたぎらせて下剋上《げこくじょう》を行ったという旧説が完全に否定された今日《こんにち》、どうしても避けては通れない道なのである。

明応二年（一四九三）二月、将軍義材は、畠山政長、斯波義寛《しばよしひろ》、赤松政則らを率いて京を出陣した。ちなみに、この時点で赤松政則は、すでに敵方の細川政元に内通している。

討伐の対象は、河内国の誉田《こんだ》城に籠る畠山基家である。政長の軍事力を恃《たの》みとして将軍の地位を保っている義材としては、「家督争いをしている基家を討ちたい」という政長の要請を断りきれず、畠山家中の内訌に介入したのだ。

二十四日、誉田城に近い河内国正覚寺《しょうがくじ》に着陣した義材は、攻城戦の支度に入った。ところがここで、陣営内に疑心暗鬼が渦巻く。

義材勢の主力を担う赤松政則に、政元の姉が嫁《とつ》ぐという噂が流れたのだ。これは政則を自陣営に取り込むための切り札として、政元が用意したものだった。

むろん政則はしらを切ったが、次々と入る噂により、政元と政則が秘密裏に手を組んでいたことが明らかとなり、正覚寺の本陣と、その付近に布陣した赤松勢は、にらみ合いの状態となる。

さらに政元の腹心・上原元秀《うえはらもとひで》が、細川勢と越前朝倉勢を率いて駆けつけ、義材陣営に調略を開始した。

結局、それが功を奏し、斯波義寛は堺《さかい》まで退陣し、周防《すおう》から駆けつけてきた大内政弘《まさひろ》も、さっさと帰国してしまった。

義材を守るのは畠山政長勢だけになった。

双方の対峙《たいじ》は続いたが、四月二十一日、赤松政則が義材のいる正覚寺を攻めると、翌二十二日には、京で政元が政変を起こし、清晃（清晃は義遐《よしとお》、義高《よしたか》、義澄《よしずみ》などと名を変えるが、以後、義澄で統一）を擁立し、将軍不在の室町殿を押さえた。

この一報に混乱する正覚寺に対し、二十五日、赤松勢が再び攻撃を開始、誉田城の畠山基家も城を打って出てきたため、逆包囲された正覚寺の義材本陣は崩壊、畠山政長は子の尚順《ひさのぶ》らを逃がした後、自刃して果て、将軍義材は捕虜となった（六月に脱出し、越前《えちぜん》国に逃走）。

かくして政変は政元の思惑通りに成功し、将軍の座に義澄が、管領の座に政元が就くことで新体制が発足した。

これが明応二年の政変である。

この政変がもたらしたものは、実力（兵力）さえあれば将軍を上回る権力さえ手に入れられるということで、「下剋上」という言葉として、戦国末期まで武家社会の通念として生き続けることになる。

また、この政変以後、将軍は有力者に擁立《ようりつ》されなければ、就任できない存在となり、将軍職に就いた後も、自らの実力と権威だけで政権を運営していくことが困難となる。

これは、信長に擁立された最後の将軍・義昭《よしあき》まで続く。

さて、ここから話は、いよいよ盛時の活躍に移っていく。それゆえ政元と義澄のその後について、先に触れておきたい。

いったん捕虜にした義材を取り逃がしたものの、義澄を擁《よう》した政元は政治権力を独占した。しかし、なぜかこの頃から政元は修験道《しゅげんどう》に凝《こ》り、政治を顧みなくなっていく。しかも修験者として妻帯《さいたい》せず、禁欲を貫いたため実子がいなかった。

それゆえ、公家の九条政基《くじょうまさもと》の子を養子に迎えたが（澄之《すみゆき》）、一族から異議があったので廃嫡し、庶家から新たに養子を迎えた（澄元《すみもと》）。

この結果、細川家は二派に分裂し、遂に永正《えいしょう》四年（一五〇七）六月、澄之一派は養父の政元を謀殺することになる。

ところが、細川家庶流から政元の三番目の養子として入っていた細川高国《たかくに》により、その澄之も討伐される。

これにより将軍義澄―管領澄元体制が発足し、それを高国が補佐する形になった。むろん、すべての権力は高国のものとなる。

ところが永正五年（一五〇八）四月、前将軍義材（この時、義尹《よしただ》と改名）が大内義興《よしおき》と共に上洛を果たした。

大内氏と戦っても利がないと判断した高国は、これと融和し、自らが擁立していた義澄と澄元を放逐《ほうちく》した。

この結果、将軍職に返り咲いた義尹を、義興と高国、さらに有力守護の畠山尚順《ひさのぶ》（政長の子の尚慶《ひさよし》）が支えるという体制が発足する。

しかし、この体制も長く続かなかった。

永正十五年（一五一八）大内義興が領国の周防に帰国すると、義尹改め義稙と高国の間で権力闘争が勃発し、高国が実力によって義稙を追放し、義澄嫡男の義晴《よしはる》を擁立した。

かくして大永《たいえい》元年（一五二一）、十二代将軍義晴が誕生する。

▲

細川政元の明応二年の政変に呼応し、伊豆に乱入したのが伊勢新九郎盛時である。既述の通り、盛時は政元の命を受けて（あるいは了承をもらい）駿河に下向し、小鹿新五郎範満を討つことで、外甥の氏親を駿河今川氏の家督に就け、駿河守護職に据えた。

盛時は細川政元の名代《みょうだい》的立場として駿河に下向し、その権威によって今川家中を統一したが、盛時の狙いは別にあった。

盛時は駿河今川氏の家宰的立場を放棄し、駿河統治を氏親とその宿老《しゅくろう》（堀越、瀬名、三浦ら）に任せ、駿河国の一国人《こくじん》的地位に甘んじた。

実は、盛時の狙いは伊豆国の獲得にあり、その先には、すでに関東制圧も視野に入れていたに違いない。

延徳三年（一四九一）七月、義母と異母弟を虐殺し、伊豆を奪取した茶々丸は、二代堀越公方を名乗り、北伊豆韮山《にらやま》の堀越御所に居座っていた。

むろん茶々丸は、独力でその座に収まっていたわけではなく、背後には山内上杉顕定と、その被官（伊豆代官・関戸吉信《せきどよしのぶ》）や与党国衆（狩野道一《かのうどういっ》、土肥《とい》次郎等）の軍事力があった。

盛時としても、伊豆の国衆だけが相手なら物の数ではないが、問題は山内勢の後詰である。

この頃、顕定は長享の乱の第一幕を終えて、扇谷上杉定正とは停戦中だった。しかし、問題の根本的解決には至っておらず、双方の確執が再燃するのは時間の問題と思われた。

そこで盛時は、定正に接近することにした。

定正の領国は相模から武蔵に広がっており、盛時が定正の支持を取り付ければ、顕定は陸路からも海路からも、伊豆に援軍を送ることは難しくなる。

むろん定正にとっても、伊豆一国が盛時の勢力圏に入れば、顕定の勢力を弱められるので、損はない。

かくして両者の利害は一致し、盛時の伊豆乱入の舞台は整った。

第四章

関東進出

明応二年（一四九三）四月、細川政元《まさもと》による政変が成功し、義澄《よしずみ》が将軍位に就いた。義澄はわずか十三歳であり、実権は政元に握られた。

しかし将軍義澄は、自らの意思で一つの御教書《みぎょうしょ》を出す。

それは、二代目堀越公方《ほりごえくぼう》を僭称《せんしょう》する足利茶々丸討伐の御教書だった。茶々丸は義澄の実母・円満院と実弟・潤童子《じゅんどうじ》を殺害しており、義澄は、その恨《うら》みを忘れていなかった。

御教書は駿河《するが》守護・今川氏親《うじちか》と、それを後見する伊勢新九郎盛時《もりとき》に下された。

これで大義を得た盛時は七月、船を連ねて清水湊を発し、伊豆半島西岸に上陸、茶々丸のいる堀越御所に攻め寄せた。

この時の侵入経路には諸説あるが、いずれにせよ隙を突かれた茶々丸は御所を焼かれ、詰城《つめじろ》の韮山《にらやま》城での防戦もままならず、中伊豆方面に逃走した。

この時は逃したものの、先々、盛時は茶々丸を討ち取ることになる。

ところで、茶々丸の死には諸説ある。

堀越御所落城時、茶々丸は願成就院《がんじょうじゅいん》に逃げ延び、そこで切腹したという説が一つ。願成就院には、茶々丸の墓まである。

また明応七年（一四九八）八月、南伊豆の下田にほど近い関戸氏の本拠・深根《ふかね》城

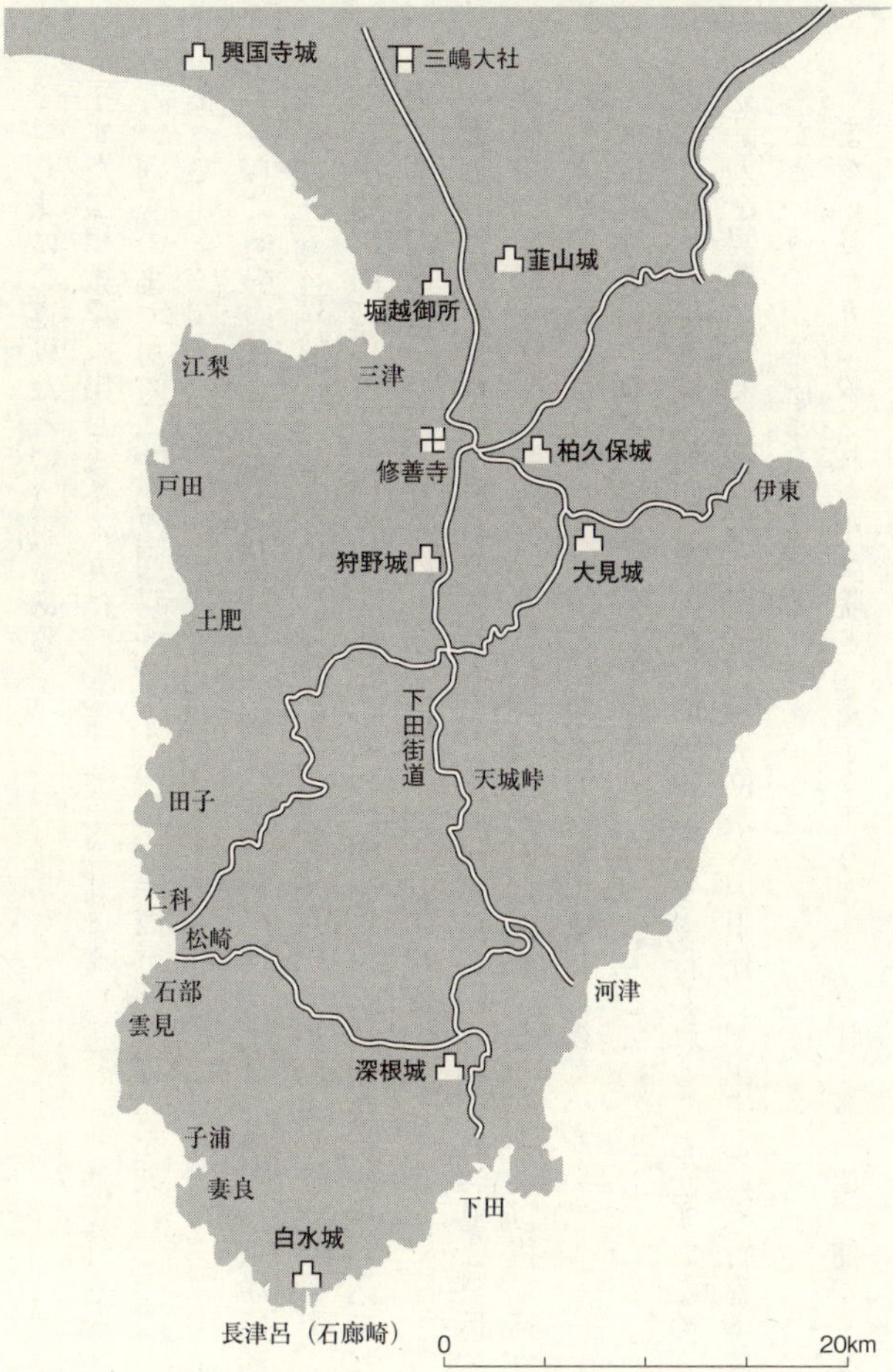

伊勢宗瑞が進出した当時の伊豆

で討ち死にを遂げたという説もある。

また深根城を脱出した茶々丸は、船で三浦半島新井城に逃れ、三浦道寸《どうすん》を頼ったというものまである（『公方両将記』）。その後、三浦一族と運命を共にしたことになっている。

さらに明応四年（一四九五）頃まで伊豆で戦った後、伊豆大島か八丈島に逃れ（『常在寺《じょうざいじ》衆年代記』）、その後、武蔵《むさし》に入って関東管領《かんれい》・山内《やまのうち》上杉顕定《あきさだ》を頼り、さらに甲斐《かい》郡内に移って武田信縄《のぶつな》を頼るものの、明応七年八月、盛時に攻め込まれ、甲斐郡内で自害したというものもある（『勝山記《かつやまき》』『王代記《おうだいき》』）。

最近では、甲斐郡内での自害説が有力となりつつあるが、いずれにせよ盛時の堀越御所奇襲が成功した時点で、堀越公方家は滅んだことになり、それ以後、茶々丸が生き残っていたとしても、さほどの政治的影響力は持ち得ていない。

なお盛時は、この頃、出家した（出家年は、はっきりしていない）。

この時代の出家は、何がしかの政治的転機によって行われることが多いため、伊豆乱入を契機として、幕府奉公衆という地位からの退任を、出家という行為で体現したというのが通説となっている。

また、茶々丸に殺された円満院と潤童子を弔うという意味、さらに、曲がりなりにも足利家の血筋を引く茶々丸を討伐《とうばつ》したことにより、己の欲心から下剋上《げこくじょう》を成し遂げたという誹謗中傷《ひぼうちゅうしょう》から逃れるという意味も考えられる。

おそらく在地国衆《くにしゅう》の多くが抱《いだ》いていた「そのうち上方《かみがた》に帰る人」というイメージを払拭《ふっしょく》し、伊豆に根を下ろすことを宣言するためにも、こうした思い切った「区切り」が必要だったのではあるまいか。

康正《こうしょう》二年（一四五六）誕生という最新の定説に従えば、出家時、盛時は三十六〜四十といった壮齢であり、出家にはやや早い感はあるものの、この時代としては、あり得ぬ話ではない。

いずれにしても盛時は、この時から早雲庵宗瑞《そうずい》となった。よって本書でも、これ以後、盛時から宗瑞に呼び方を改める。

▲

茶々丸を伊豆から追った後も、宗瑞と山内上杉家傘下《さんか》国衆の戦いは続いていた。とくに中伊豆に強固な勢力基盤を持つ狩野道一《かのうどういつ》の抵抗はしぶとかった。

しかし明応五年（一四九六）頃には、それにも目途《めど》が立ったらしく、宗瑞は南伊豆まで攻め入っている。

そして前述のごとく明応七年八月、南伊豆の深根城の関戸吉信《よしのぶ》を没落させることで、宗瑞は伊豆平定を完了させた。

なおこの時、軍記物の記載では、宗瑞は二千の兵を率いて攻め寄せ、兵力わずか五百の深根城を攻略したと言われている。

また城を落とした宗瑞は、「(降伏してきた女子供や僧侶も含めて)一人残らず首をはね、首を城の周りに掛けておいた」と伝えられる。その総数は一千余。

これを見た近隣の土豪たちは宗瑞を畏怖《いふ》し、「吹く風が草木をなびかせるようにして従った」(『北条五代記』等)という。

これまでもこれ以後も、宗瑞は、このような残虐な行為を行うことはなかった。寛恕《かんじょ》の心こそ、宗瑞およびその後の北条家の国是《こくぜ》のようなものであり、この行為だけが突出して異常である。

私が歴史を研究していて気づいたことの一つに、「歴史上の人物の行動には、一貫性がある」というものがある。これは、一つの行為や事件だけを取り上げ、あれこれ分析するよりも、その前後の行動を調べることにより、これまでの定説の真偽が見えてくるというものだ。言うなれば、犯罪心理学でいうところの「プロファイリング」に近い。

例えば明智光秀の起こした本能寺の変だが、これは、それまでの彼の姿勢や行動からすると異様な行為である。そこには何か大きな理由があったと思われ、それを追究せず、いたずらに「野心説」を唱えることは、性急にすぎる。

本能寺の話は別の機会に譲るとして、深根城での残虐行為は、宗瑞の厳しさを伝える挿話《そうわ》として有名なものだが、実際はどうだったのか。

それを明かす前に一つだけ断っておくが、私が宗瑞を崇拝するあまり、初めに結論ありきで、こじつけのような話を無理に考えたとは思ってほしくない。そんな姿勢の人間に、歴史を論ずる資格などないからだ。

実は、宗瑞が伊豆侵攻作戦を開始する直前の八月二十五日の午前八時頃、東海地方を大地震が襲った。その大きさは推定マグニチュード八・二から八・四ということで、関東大震災の七・九、阪神淡路の七・二をはるかに上回り、二〇一一年三月十一日の東北地方太平洋沖地震の九・〇に迫るほどの規模だった。

こうした状況下で、あえて宗瑞は予定通り、西伊豆上陸作戦を敢行した。

おそらく茶々丸を倒すという目的と、被災地を救援することが矛盾《むじゅん》しないことから、あえて伊豆侵攻作戦を予定通りに決行したのだろう。

軍記物の記載だが、その時、宗瑞は食料や医薬品を多く持っていった。

予想に違《たが》わず、推定六メートル余の津波に襲われた西伊豆の漁村は、壊滅的な被害をこうむり、「いかなる家にも五人三人ずつ、病者ふしてあり、大かた千人にも越つべし」(『北条五代記』等)といった惨状を呈していた。

当然のことだが、掘立小屋同然の当時の家屋は倒壊しやすく、伊豆内陸部の深根城内外でも、この状況は変わらず、多くの女子供も被災したと考えられる。

つまり宗瑞が攻め寄せる前に、伊豆半島の沿岸部同様、深根城内外でも、多くの人々が死者となっていたのだ。

これにより、多くの女子供の死者が出ていたという問題は片付く。それではなぜ、宗瑞はそれらの遺骸から首を切り離し、城壁に掛けるような行為を行ったのか。これは、当時の支配体制を考えれば説明がつく。

山内上杉氏と関戸氏の傘下国衆は、南伊豆各地に分散して居住しており、宗瑞の来襲を聞いた関戸氏は、急ぎ陣触れを発したに違いない。しかし遠隔地の国人土豪《こくじんどごう》は、駆けつけるまでに時間がかかる。

彼らが駆けつけた時、すでに戦《いくさ》は終わっており、おそらく城の近くまで来た彼らは、城の様子を遠くから眺めて、どうするか考えたはずである。

その時、死者の首が城壁から垂れ下がっていれば、落城は明らかであり、抵抗をあきらめて帰っていくことになる。落城が分からなければ、下手《へた》に城に近づき、無用な争いが起こる。

宗瑞はそうした事態を未然に防ぐべく、明らかに落城と遠くからでも分かるようにしていたと思われるのだ。

これは、志賀城などで武田晴信《はるのぶ》（後の信玄）も行っているもので（後詰《ごづめ》軍を破り、その首を志賀城の籠城兵に見えるようにした）、敵の戦う意欲を喪失させる効果がある。

宗瑞の残虐性を表わしたこの挿話が事実とすれば、以上のような説明がつく。

むろん残虐な行為自体、事実でなかった可能性もあり、宗瑞の厳しさを知った国衆が、「吹く風が草木をなびかせるようにして従った」としたかった軍記物作者の作り話ということもあり得る。

尤《もっと》も最新の定説では、深根城が落ちたと同じ明応七年八月、茶々丸は甲斐で敗死しており、深根城の落城自体が疑問視されている。

たまたま同時期、宗瑞の傘下国衆により、山内上杉氏代官の関戸氏が攻め滅ぼされたとも考えられる。となれば宗瑞は甲斐にいるはずなので、仮に残虐な行為があったとしても、宗瑞本人ではなく、傘下国衆の手で行われたことになる。

いずれにしても宗瑞は、六年かけて伊豆を平定した。

この時、宗瑞は四十三歳になっていた。

▲

こうした事態に、茶々丸を支援する山内上杉顕定が手をこまねいているわけはない。しかし顕定が伊豆に後詰勢を送るには、停戦中の扇谷《おうぎがやつ》上杉氏の領国を通過せねばならない。

定正《さだまさ》は相模《さがみ》・武蔵両国を押さえているため、陸路でも海路でも同様である。

明応三年（一四九四）初頭、顕定は定正に対して山内上杉勢の領国の通過、ないしは山内上杉氏に代わって茶々丸の救援を依頼したものと思われるが、定正はこれを無視したのだろう。

『鎌倉九代後記』にはこうある。

「伊勢新九郎長氏《ながうじ》、駿州《すんしゅう》にありて、定正と通牒《つうちょう》して伊豆国をとる」

すなわち定正と宗瑞の内通に気づいた顕定は、同年四月、一方的に講和を破り、武蔵・相模両国に攻め入った。

これにより長享《ちょうきょう》の乱が再開された。

つまり宗瑞の伊豆制圧は、長享の乱の第二幕と同時並行的に行われていたのだ。

しかし宗瑞は、伊豆で常に戦っていたわけではなく、膠着《こうちゃく》状態の時もあった。というのも宗瑞は、伊豆制圧の最中に遠江《とおとうみ》や関東に遠征していたからである。

八月には、今川氏の軍事指揮官として遠江に出陣し、遠江国懸川《かけがわ》の高藤《たかふじ》城を攻略した。この時、城兵を皆殺しにし、民家を焼いたというが（農民を殺したわけではない）、戦闘員を殺すことも、敵領国内の民家を焼くことも、戦においては至って当然の措置《そち》であり、それが、宗瑞の残虐性に結び付くと考えるのは早計である。

九月、今度は、扇谷上杉定正の要請に応じて関東に出陣した。

実は、これをさかのぼる四月、定正の領国である武蔵・相模に攻め入った顕定は、多摩《たま》川河畔の小沢原《おざわがはら》で扇谷上杉勢を破り、関戸要害を取り立てると、続いて鎌倉北部の玉縄《たまなわ》まで攻め入り、玉縄要害に兵を入れていた。

これに対して定正は、八月に両要害を奪取し、顕定と雌雄《しゆう》を決しようとしていた。

今川勢と伊豆の傘下国衆を率いて相模国に入った宗瑞は、扇谷上杉方の大森実頼《さねより》と共に三浦一族の本拠・三崎《みさき》城を攻略し、内訌《ないこう》で当主の座を追われていた三浦道寸を復帰させると、十月、山内上杉勢の籠る鉢形《はちがた》城を囲む扇谷上杉勢に合流した。

一方、顕定も鉢形城の後詰で付近まで進出してきており、両軍は荒川を挟んで対《たい》峙《じ》した。

ところが十月五日、荒川を渡河しようとした定正が、あろうことか落馬により頓《とん》死《し》してしまうのだ。

急遽《きゅうきょ》、その場で扇谷上杉氏八代目当主を養子の朝良《ともよし》が継ぐが、大将の死に動揺した国衆の陣払いが相次ぎ、瞬《また》く間に扇谷上杉勢は瓦解《がかい》の危機を迎える。

致し方なく宗瑞は、敗軍をまとめて撤退戦に移った。

この時、殿軍《でんぐん》を担ったとおぼしき宗瑞は、その後も、およそ二カ月にわたって扇谷上杉氏の領国の維持に努めたが、十一月十五日、武州《ぶしゅう》馬込《まごめ》で大敗を喫し、伊豆へと引き揚げている。

定正の頓死と宗瑞の敗戦の影響は大きかった。

かねてより扇谷上杉氏の力に限界を感じていた古河《こが》公方足利成氏《しげうじ》・政氏《まさうじ》父子は、これを契機として山内上杉方に転じた。

▲

長享の乱の第二幕は、定正の死と馬込合戦により、新局面を迎えつつあった。

同年六月、急速に力を盛り返した顕定が、相模国に乱入してきた。

一方、扇谷上杉方首脳である朝良実父の朝昌《ともまさ》、宗瑞、三浦道寸、上田正忠《まさただ》らは、大森実頼の子の定頼《さだより》（実権は叔父の藤頼《ふじより》が握る）と協議し、籠城策を取った。

諸将は岩原・沼田・河村・浜居場《はまいば》（内山）などの支城に散ったと思われ（明確に拠点とした城の名は記録に残っていない）、互いに援護しながら時を稼ぎ、江戸城の朝良の後詰を待つという策を取ろうとしたのだろう。

この時、伊豆国衆から成る主力勢を庶弟《しょてい》・弥二郎に託した宗瑞は、いったん韮山城に戻ったと思われる。宗瑞は今川氏に援軍派遣を要請し、今川勢を率いて小田原《おだわら》城を後詰するつもりでいたはずだ。

それゆえ弥二郎は、大森一族と共に小田原城に籠った。

そこに攻め寄せた顕定は攻略に手間取り、大森一族に調略《ちょうりゃく》の手を伸ばす。

いつまで待っても、朝良らが後詰にやってこないことに業《ごう》を煮やしていた藤頼と定頼は、顕定に与《くみ》することに決し、城内の伊勢勢を攻めたので、伊勢勢は全滅し、弥二郎も討ち死にを遂げた（逃れたという異説あり）。

かくして、定正の死から大森一族の裏切りという一連の予期せぬ事態により、宗瑞の関東侵攻は頓挫しかかっていた。

しかし、明応五年（一四九六）六月から文亀《ぶんき》元年（一五〇一）の間のいずれかの時期に、宗瑞は小田原城を攻略したとされている。

何がきっかけで、どういう経緯から小田原を獲得し得たかは、残念ながら明らかになっていない。

推定期間は五年と長いが、研究者の方々によると、残存文書の関係から、どうしても、これ以上は絞り込めないという。

ただし多方面作戦を展開することは、この時期の宗瑞には困難であることを思うと、明応七年（一四九八）八月の伊豆制圧完了後と考えるのが、自然ではないだろうか。

また、明応六年（一四九七）九月に、前古河公方・成氏が、享年六十四で世を去っており、両軍共に喪《も》に服すという名目で、関東に一時的な静謐《せいひつ》が訪れているので、明応六年は考え難い。

また宗瑞は、文亀元年八月に今川氏の軍事指揮官として遠江に出陣しているので、それ以前に小田原を攻略していたと思われる。

こうした状況証拠から絞り込むと、小田原城奪取は明応七年八月から文亀元年八月までとなるが、さらに類推していくと、明応九年（一五〇〇）の可能性が高いと思われる。

▲

宗瑞には幕府（義澄政権）の東国での出先機関、今川氏の軍事部門統括者、さらに戦国大名としての独自の行動（関東への進出）という三つの立場があった。

いまだ勢力基盤もなきに等しく、兵力も不十分な中、宗瑞は、この三つの役割を実にうまくこなしていた。つまりそれぞれの立場から、その時々に最も優先順位の高いものに力を傾けたのだ。

小田原城奪取後と思われる文亀元年八月、今川氏の軍事指揮官として遠江に出陣した宗瑞は、永正《えいしょう》元年（一五〇四）には扇谷上杉朝良の要請に応えて、今川氏当主の氏親と共に関東に出陣し、九月、立河原《たちかわのはら》で山内上杉顕定を破っている。

この戦いの経緯も定かでないが『烏山高橋家譜《からすやま》』により、ある程度は、再現できるようになった。

そこには「高種《たかたね》、槍兵を以って鋒矢《ほうし》の陣を成し、弓兵を以《も》って箕形《みつくり》の列を成す」などと記されており、合戦の模様がおぼろげながら伝わってくる。

ここに登場する高種とは、高橋左近将監《さこんしょうげん》高種のことである。彼は伊豆雲見《くもみ》を本領とする北条家草創期の家臣の一人で、宗瑞の養女を室にもらったと伝わる。立河原合戦では、先手《さきて》将を務めていたらしい。

一方、立河原合戦に勝利した扇谷上杉方だったが、山内上杉顕定の実家にあたる越後《えちご》上杉氏の後詰勢が、鉢形城付近まで進出してくると、形勢は一気に逆転した。

すでに関東では、山内上杉氏与党の越後上杉氏対扇谷上杉氏与党の今川氏という図式が成立しており、雌雄を決するのは、関東の外に位置する大勢力をいかに誘引するかにかかっていた。つまり、いかに大きな兵力を、絶妙のタイミングで誘い込めるかによって勝敗が決せられるようになったのだ。

一万にも及ぶ援軍を得た顕定が、今度は朝良を攻め上げ、遂に永正二年（一五〇五）三月、顕定に本拠の河越《かわごえ》城を包囲された朝良は降伏し、長享の乱の第二幕は山内上杉方の勝利で終わった。

第二幕は山内上杉氏が逆転で勝利したが、だからと言って扇谷上杉氏が滅んだわけではなく、国境線が若干《じゃっかん》、変わっただけだった。

結局、旧体制に属する者たちは劇的な改変を望まず、互いの領土と利権を取り合っているにすぎなかったのだ。

しかし、これで関東に静謐《せいひつ》が訪れたわけではない。

翌永正三年（一五〇六）四月、元古河公方・足利政氏と現公方・高氏《たかうじ》（後の高《たか》基《もと》）の父子間の対立が表面化し、永正の乱に発展する。

顕定と朝良は、そろって政氏を支持するが、後に関東管領の後継者争いも絡み、関東は再び混沌《こんとん》に陥る。永正の乱は永正十五年（一五一八）まで続く。

話は少し戻るが、長享の乱が終息したので、宗瑞は、今川氏の軍事指揮官として西部戦線に出向くことにする。

永正三年九月、宗瑞は今川勢を率いて三河《みかわ》に出陣し、牧野左衛門尉《さえもんのじょう》成時《しげとき》の拠る今橋《いまはし》城を攻略している。この城は後の吉田城のことである。

遂に今川氏の勢力は東三河にまで達し、今川氏は、駿河・遠江・三河三国にまたがる広大な領国を築くことになる。

つまり後に「海道一の弓取り」とたたえられた今川義元《よしもと》の版図《はんと》の大半は、宗瑞の活躍によって築かれたのだ。

宗瑞の今川氏への軍事的貢献は見逃されがちだが、その手腕には際立《きわだ》ったものがあり、今川氏の勢力基盤作りに多大なる貢献を果たした。

強《し》いて言えば、宗瑞がその手腕をいかんなく発揮したのは、関東でも伊豆でもなく、実は今川氏の西部戦線だった。

続く永正四年（一五〇七）は、宗瑞の転機となった年でもある。というのもこの年が、宗瑞と幕府（義澄政権）との決別の年となったからだ。

第三章で述べた通り、明応二年の政変を成功させた細川政元が、同年六月、養子澄之《すみゆき》に殺されることにより、明応二年の政変によって築かれた体制は瓦解する。

これ以前の文亀年間（一五〇一～一五〇四）頃から、義澄―政元体制に嫌気が差していた宗瑞は、中国地方の有力者・大内義興《よしおき》の元に身を寄せる義材《よしき》と接触していたらしい。

これにより永正五年（一五〇八）六月、前将軍義材が大内義興と共に上洛《じょうらく》を果たした時、すぐに誼《よしみ》を通じ、今川氏親ともども新体制に与《くみ》することができた。

同年八月、宗瑞は、今川氏の軍事指揮官として三河に出陣する。この時は西三河まで進出し、松平一族と干戈《かんか》を交えている。しかし奥三河の山岳地帯という、逃げ込むのに適した地を領する松平一族を滅ぼすには至らず、宗瑞は兵を引いている。

宗瑞が家康の先祖と戦っているというのも面白いが、尾張《おわり》の国境付近まで攻め寄せているというのも、考えてみれば凄いことである。

今川氏の軍事指揮官として、これが宗瑞の最後の仕事となる。

宗瑞にしてみれば、「今川氏への借りは十分に返したので、後は任せた」といった気持ちだったのではあるまいか。

以後、宗瑞は、関東進出に的《まと》を絞って行動していくことになる。

▲

永正の乱が勃発《ぼっぱつ》し、再び不穏《ふおん》な空気に包まれつつある関東だったが、越後では、新たな時代の胎動《たいどう》が始まっていた。

永正四年、越後守護・上杉房能《ふさよし》が、以前から不仲となっていた守護代の長尾為景《ためかげ》に討たれた。越後の実質的主となった為景は、庶家の上杉定実《さだざね》を守護の座に就け、この新体制の承認を新将軍・義稙《よしたね》（義材から改名）に求めた。

この時、討たれた房能が関東管領・山内上杉顕定の同腹弟だったことが、事態をややこしくする。

一方、永正五年六月、大内義興と共に上洛を果たした義稙は、義澄を追放して将軍職に返り咲くや、これまでの関係から越後の新体制を承認した。

下剋上が初めてお墨付きを得たのだ。

しかも為景は義稙に働きかけ、顕定討伐の将軍御教書を各地の義稙派に下してもらった。これにより今川氏親、伊勢宗瑞、信濃《しなの》の高梨政盛《たかなしまさもり》、出羽《でわ》の伊達尚宗《だてなおむね》らに大義ができた。

同腹弟を殺された上、一転して賊軍となった顕定の怒りは頂点に達し、将軍義稙を認めず、越後出兵の陣触れを関東全域に発した。

関東勢が越後に攻め寄せれば、発足間もない定実―為景体制は瓦解の危機を迎える。

そのため為景は、宗瑞との連携を模索し始める。さらに関東内でいまだ蠢動《しゅんどう》する長尾景春との接触も図る。

確かな証拠はないものの、その後の動きから、三者間で何らかの密約が成立していたことは十分に考えられる。

第五章

他国之兇徒《たこくのきょうと》

越後《えちご》で上がった下剋上《げこくじょう》の火の手を消し去るべく、関東管領《かんれい》・山内《やまのうち》上杉顕定《あきさだ》は、対立する元古河公方《こがくぼう》・足利政氏《まさうじ》と、その息子である現古河公方・高基《たかもと》に停戦を呼びかけ、関東内の意思を統一させるや、永正《えいしょう》六年（一五〇九）七月、八千もの大軍を率いて越後に討ち入った。

ちなみに戦国後期の大合戦に慣れた歴史通にとって、八千は大軍と思えないかもしれないが、宗瑞《そうずい》の活躍した戦国時代初頭において、八千は十分に大軍である。

これに対抗できないと判断した越後守護代《だい》・長尾為景《ためかげ》は、自らが擁立《ようりつ》した越後守護職・上杉定実《さだざね》を担ぎ、戦わずして越中《えっちゅう》国に逃れた。

これにより、越後一国が顕定の手中に帰した。

一方、為景を助けるべく八月、宗瑞は相模《さがみ》中郡まで進出、相模湾沿いの大磯に高麗《こう》寺要害《らいじ》と住吉《すみよし》要害を取り立てると、江戸湾の制海権奪取を目論《もくろ》み、神奈川湊に隣接する権現山《ごんげんやま》城の上田政盛《まさもり》を蜂起《ほうき》させた。

同様に長尾景春《かげはる》も上州《じょうしゅう》で挙兵し、かつての本拠・白井《しろい》城を回復した。

永正七年（一五一〇）五月、宗瑞は武蔵国に侵攻し、山内上杉氏傘下国衆《さんかくにしゅう》である大石氏の武州椚田《ぶしゅうくぬぎだ》要害を攻略した。

この頃、越後では、為景に与《くみ》した者たちに厳罰で臨《のぞ》んだ顕定に不満を抱《いだ》いた国衆が各地で蜂起し、これを知った為景らも越中から帰国し、一転して顕定は窮地に追い込まれた。

越後各地で敗れた顕定は、たまらず帰国の途に就くが、同年六月、三国峠《みくに》を日前にした魚沼《うおぬま》郡長森原《ながもりはら》で捕捉され、討ち死にを遂げる。

越後守護代によって、関東管領が討ち取られるという下剋上が起こったのだ。

しかし皮肉なことに、越後国の維持をあきらめた顕定養子の憲房らが関東に帰国したため、一転して宗瑞と景春が危機に陥る。

為景の勝利は祝うべきことだが、これだけ早く顕定が敗死してしまうとは、さすがの宗瑞も考えていなかったに違いない。

六月末、上州の景春を憲房が、相模の宗瑞を朝良が攻撃する形で、上杉方の反撃が始まった。

越後から引き揚げてくる軍勢を、そのまま景春攻撃に差し向けられる憲房は、瞬《また》く間に景春勢力を上州から掃討した。これにより景春は、甲斐《かい》と相模の国境近くの津久井《つくい》山まで撤退した。

一方、宗瑞傘下の上田政盛の籠る権現山城には、扇谷上杉勢に加え、藤田・大石・成田・渋江といった武州南一揆が襲い掛かり、七月、落城に追い込んだ。

同じく住吉要害も、三浦勢の攻撃を受けて陥落し、また景春の籠った津久井山も、扇谷・三浦両勢の攻撃により自落《じらく》した。

ちなみに自落とは、城を放棄して逃走することである。

さらに扇谷・三浦両勢は宗瑞の籠る小田原《おだわら》城外まで攻め寄せるが、「人馬が疲弊した」ことを理由に、十月には撤退する。

いったん自領まで戻り、英気を養った扇谷・三浦両勢は十二月、再び小田原に攻め寄せた。この頃、宗瑞は小田原城の出城《でじろ》の鴨沢《かもざわ》要害（小田原城の東方三里余）まで出張《でば》っており、九日、双方は鴨沢要害の近くで衝突した。

この戦いの勝敗ははっきりしないが、この後、宗瑞が小田原近辺まで押し詰められているわけではないので、明白な宗瑞の負けではないようである。

一方の景春は八月、長尾為景の援軍を得て憲房を破り、白井領を回復していた。

景春の戦線は上州北部であり、為景の後詰《ごづめ》を受けやすかったのが幸いした。しかし、いくら義理堅い為景でも相模までは後詰できず、宗瑞は割を食った格好になり、苦戦を強いられていた。

いずれにしても、為景・景春・宗瑞という「下剋上三人衆」は越後、上州、相模に、それぞれの地盤を築き、守旧勢力との戦いを続けていくことになる。

宗瑞の相模制圧は頓挫《とんざ》したかに見えたが、旧体制側の自壊作用は、とどまるところを知らず、永正九年（一五一二）六月、今度は山内上杉氏の家督《かとく》争いが勃発《ぼっぱつ》、これが古河公方家の内訌《ないこう》を再燃させた。

詳述は避けるが、この結果、今度は山内上杉憲房と扇谷上杉朝良が仲違《なかたが》いし、干《かん》戈《か》を交えるまでになる。

これを見た宗瑞は八月、当面の敵である扇谷上杉方の最前線に位置する相模国平塚の岡崎城に攻め寄せた。

この城は、朝良によって永正七年の小田原攻めの折に取り立てられたものだが、この頃は、独立化傾向の強まっていた三浦道寸《どうすん》（義同《よしあつ》）の持ち城となっていた。相模国の東郡は扇谷上杉氏の所有のままなので、朝良は中郡を三浦道寸に託し、宗瑞の侵攻を押しとどめようとしたのかもしれない。

岡崎城の戦いは当初、城外での野戦となったが、この戦いに勝利した宗瑞は岡崎城を攻略、三浦勢は逗子《ずし》の住吉要害まで撤退した。

ちなみにこの住吉要害は、平塚市の住吉要害とは同名異城である。

伊勢・三浦両軍は鎌倉を挟んで四カ月余、にらみ合いの状態となるが、永正十年（一五一三）正月、鎌倉付近で全面衝突した。この戦いは広範囲に及んだようで、藤沢の遊行寺《ゆぎょうじ》が焼失している。

激戦を制したのは宗瑞で、三浦勢を追って三浦半島沿いに南下を開始、四月には三浦一族最後の拠点・新井城と三崎《みさき》城を攻撃している。

むろん、こうした三浦氏の危機を、扇谷上杉方が傍観していたわけではない。それでも古河公方家の内訌である永正の乱と、それに絡んだ憲房との対立も予断を許さないため、朝良も武蔵北部から主力勢を動かすことができないでいた。しかし、このまま手をこまねいてばかりもいられない。

結局、朝良は憲房と和解し、共に宗瑞を討つことにした。

憲房も、これに同意して援軍を送ってきた。

連合軍の先手を担った太田資康《すけやす》（道灌嫡男《どうかんちゃくなん》、道寸女婿《じょせい》）は、相模の粟船《あわふね》まで攻め寄せたものの、玉縄《たまなわ》城をすでに築いていた宗瑞によって、この地で撃退される（一説にこの時、資康は討ち死にする）。

それでも宗瑞は新井城を落とせない。

おそらく上杉方の断続的な牽制《けんせい》攻撃は続いており、また海路からの補給もあったのだろう。

ようやく永正十三年（一五一六）半ば、玉縄近郊まで攻め寄せてきた朝良の養子・朝興《ともおき》を破ることで、宗瑞は決定的な勝利を手にする。これにより上杉方も万策《ばんさく》尽き、新井城は孤立する。

同年七月、宗瑞は新井城と三崎城を攻略し、三浦一族を滅亡に追い込み、相模一国の領有を成し遂げた。

この時、宗瑞は六十一歳となっており、伊豆と相模の経略に二十四年余の歳月をかけたことになる。

▲

相模一国を制した宗瑞の次なる目標は、上総《かずさ》国である。

当時、房総半島と三浦半島は、互いに「向地《むかいち》」と呼び合うほど距離感がなく、交流も活発だった。

われわれの感覚からすれば、宗瑞が江戸湾を隔てた房総方面に侵攻するのは、奇異に思われるかもしれないが、当時は陸路よりも海路の方が行き来しやすく、房総半島に兵を送る方が、中小の河川を渡っていくことになる江戸方面への陸路を使った侵攻よりも容易だった。

宗瑞の狙いは江戸湾海運を押さえることであり、そのためには、対岸にあたる房総半島に拠点を築く必要がある。

すなわち、太日川《ふとい》（現江戸川）、利根川（現隅田川《すみだ》）、多摩川《たま》等、多くの大河が流れ込む江戸湾を押さえてしまえば、内陸部への物資の供給がままならなくなった扇谷上杉氏は、自然に立ち枯れると読んでいたのだ。

当時の房総半島は、上総真里谷《まりやつ》を本拠とする武田氏と、下総小弓《しもうさおゆみ》を本拠とする原氏の抗争が、上総北部で激化しており、付け入る隙は十分にあった。

武田氏支援を表明した宗瑞は、三浦氏を滅ぼした永正十三年中頃から、家督を氏綱《うじつな》に譲る同十五年（一五一八）まで渡海を繰り返す。

その間、扇谷上杉朝良が死去したり、真里谷武田氏に擁立《ようりつ》された足利義明《よしあき》（政氏次男）が小弓城に入部し、小弓公方府を樹立したりするが、それらについて記すのは次章に譲りたい。

永正十六年（一五一九）七月二日、三浦半島の三崎から船出した宗瑞は、舟遊びを楽しんだ。すべての権限を氏綱に譲り、ようやく悠々自適の生活が送れるようになっていたのかもしれない（舟遊びは軍記物の記載で、最近の定説では上総に出陣したとされる）。

ところがこの時、宗瑞はひどい風邪を引いてしまったらしい。病状は悪化の一途をたどり、遂に八月十五日、宗瑞は永眠した。最新の定説では、享年《きようねん》は六十四とされる。遺骸は伊豆修禅寺《しゆぜんじ》で荼毘《だび》に付され、遺骨は箱根湯本《ゆもと》に創建された早雲寺《そううんじ》に埋葬された。

室町末期は、混沌《こんとん》の中から何かが生まれ出ようとする黎明期《れいめい》だった。室町幕府をはじめとした守旧勢力の退潮《たいちよう》は明らかであり、農業生産性の向上により、国人《こくじん》・土豪《どごう》と呼ばれる在地勢力の台頭が顕著《けんちよ》となった時代でもあった。

そんな時代の空気を存分に吸った宗瑞は在地衆の心を摑み、それを梃《てこ》として、守旧勢力を駆逐《くちく》していった。

むろん思惑違いや失敗もあった。しかし細川政元《まさもと》の東国代官的役割や、今川氏の軍事指揮官役といった衣を脱ぎ捨てつつ、宗瑞は「己の成すべきこと」すなわち「関東に善政を布き、静謐《せいひつ》をもたらす」という理想に、一歩一歩、近づいていった。

宗瑞とは、いかなる人物だったのか。

『快元僧都記《かいげんそうずき》』によると、永正九年（一五一二）八月、三浦一族との戦いが小康《しょうこう》を得たことで、鎌倉に入った宗瑞は、次のような和歌を詠《よ》んでいる。

枯るる樹に　また花の木を植えそへて　もとの都に　なしてこそみめ

（枯木の傍らに、花の咲く木を植えるようにして、元の都にしてみせよう）

三百年もの長きにわたって武家の都だった鎌倉は、宗瑞の時代、相次ぐ戦乱に荒れ果て、見る影もなくなっていた。それを嘆いた宗瑞は、戦国大名としての決意表明として、この歌を詠んだ。

それを信じた鶴岡八幡宮《つるがおかはちまんぐう》、建長寺《けんちょうじ》、円覚寺《えんがくじ》等の神官や僧たちは、新たな領主に大きな期待を抱いたはずだ。快元も喜びのあまり、この和歌を記したに違いない。

残念ながら宗瑞に、この声明を実現する時間的余裕はなかったが、その遺志を継いだ息子の氏綱は、見事に鎌倉を復活させている。

この和歌からも分かるように、宗瑞は有言実行の政治家だった。また、こうした声明によって鎌倉の寺社を味方に付け、その後の三浦一族との戦いを有利に運ぼうとした手腕は、実にしたたかである。

宗瑞は倹約家としても知られ、普段から質素を旨《むね》とした生活をしていた。しかしひとたび必要となれば、思い切った金の使い方をし、周囲を驚かせたという。つまり生きた金の使い方を知っていたのだ。

また、宗瑞という人間を知る上で重要な史料として、『早雲寺殿《そううんじどの》廿一箇条《にじゅういっかじょう》』がある。

この掟書《おきてがき》は、後世の偽作と呼ばれることもあるが、伊勢本宗家《ほんそうけ》の家訓書に類似している箇所も一部にあることから、全くの偽書とは言いきれないとされている。

第一条の「仏神を信仰すること」から始まるこの書は、当時の武将の規範と人生観を表すものとして貴重である。

第二条と第三条の「早寝早起き」、第十二条の「少しの暇があれば本を読むこと」、第十七条の「友を選べ」をはじめとした二十一の戒《いまし》めは、すべて現代社会にも通じるものである。

最後に、宗瑞の事績や残された古文書などから、その人格を探ってみたい。

宗瑞を一言で表すと、「クールな現実主義者」であろう。

一見、理想主義者に思われるかもしれないが、理想は理想として掲げ、その手段は現実主義者そのものである。

つまり、形骸化《けいがいか》した幕府の威光などといったものは早々に脱ぎ捨て、実力こそがすべてを決することを体現していったことからも、それは明らかだろう。

また、その政治思想には一貫性や継続性があり、いかなる危機にも、民に対しての四公六民《しこうろくみん》という税率を崩さなかった（これは五代にわたって引き継がれる）。

こうしたぶれない姿勢が信望につながり、多くの国衆と人格的主従関係を築くことができ、「頼うだる人（頼みがいのある人）」として民からも慕われていった。

また軍記物における挿話《そうわ》だが、様々な訴訟に立ち合い、宗瑞自ら裁くので、衆望を得たという。これは公明正大で平衡《へいこう》感覚に優れていたことの証《あかし》である。

このほかにも、正直で謹厳実直《きんげんじっちょく》な上、向上心が強く勤勉なことがうかがえる。

いわば宗瑞は、職人気質《かたぎ》の実直な為政者《いせいしゃ》だったと思われる。

一方、後年の信長のように、カリスマ性やリーダーシップという点では際立《きわだ》っていたとは言えず、また秀吉のように、天真爛漫《てんしんらんまん》な人柄で人を引き付けるわけではなく、多彩な才能を縦横無尽に駆使するわけでもなかった。

つまり、「己を知っていた」のである。

これは、己を知ろうともせず自己肥大化を続け、やがて破滅していった織田信長や豊臣秀吉（厳密には次代で滅亡）とは大違いである。

▲

創業社長が亡くなった後、それを引き継ぐ二代目が苦労するのは、いつの時代も同じである。

むろん二代目が、どれだけ優秀かにもかかってくるが、創業社長が現役のうちに次代をにらんだ体制作りをしているかどうかが、組織の寿命を左右する。

宗瑞の死によって二代氏綱の時代は幕を開けたが、守旧勢力はいまだ根強い力を保ち、予断を許さない状況だった。

氏綱は長享《ちょうきょう》元年（一四八七）の生まれで、当主となったのは三十二歳の時である。初見文書は岡崎城攻防戦における感状で、宗瑞と連署していることから、三浦一族との戦いの時点で、すでに家督継承者の地位を与えられていたと考えられる。

この後、本格歴史研究本だと、伊勢氏から北条氏への改姓、氏綱の創出した「虎の印判状《いんばんじょう》」いわゆる「祿壽應穩《ろくじゅおういん》」の印判のこと、支城制の展開、伝馬《てんま》制度の創出、検地と郷村支配方法などについて言及するのだが、本書では外交と軍事面を取り上げることにしているので、割愛させていただく。

むろん、こうした民のことを重んじた領国統治体制を創出したところに、氏綱の真骨頂《しんこっちょう》はあるのだが、そちらに興味のある方は、ぜひ専門書をご覧いただきたい。

さて、房総進出の道半ばで倒れた宗瑞に代わり、氏綱の最初の仕事は真里谷武田氏への支援となった。

その前に、この頃の関東全体の動きに触れておく。

永正十五年（一五一八）四月、前古河公方の政氏と、その次男の義明を支えた扇谷上杉朝良の死により、支えを失った政氏は隠居し、公方家の内訌である永正の乱は終息する。

それでも義明は関東の盟主の座をあきらめず、現古河公方である兄の高基に戦いを挑んでいく。

同年七月、真里谷武田氏の招きを受けた義明は、敵方の下総小弓城を実力で奪い、小弓公方家を創設した。

扇谷上杉朝良・朝興父子は元々、政氏・義明父子を支持しており、宗瑞は真里谷武田氏を支持していた。奇《く》しくも双方の足並みはそろい、これを契機に宗瑞は、扇谷上杉氏とよりを戻すことができた。

これまで反目していた扇谷上杉氏と手を組むには、この時代の慣習として、宗瑞が当主の座から身を引く必要があり、これを機に宗瑞は隠居したとされる。

小弓公方義明―朝興―氏綱という政治的枠組みが作られ、関東の大乱は新局面を迎える。また、これを契機として氏綱は、本拠を伊豆の韮山《にらやま》から相模の小田原に移したとされる。

しかし、この枠組みは長続きしなかった。

大永《だいえい》四年（一五二四）正月十三日、突如として氏綱は、扇谷上杉氏領国への侵攻を開始する。

扇谷上杉・北条両氏は多摩川を境として国境を接しており、共に小弓公方家を支援していくために停戦状態にあった。だが実際は、一触即発の状態だった。

これには事情があるのだが（後述）、氏綱の方から仕掛けたのは間違いない。

ちなみに氏綱は、前年六月に北条という苗字への改姓を果たしていた。その理由は、「他国之兇徒《たこくのきょうと》」と呼ばれ、相模国領有に正当性がないと、敵対勢力から糾弾《きゅうだん》され続けたため、それに反論すべく、上杉苗字の上に位置する北条苗字を名乗ったとされる。

すでに氏綱は、調略《ちょうりゃく》によって、津久井城の内藤氏、武蔵西部由井領の大石氏、同勝沼領の三田氏を次々と傘下に収めており、こうした地盤固めを十分に行った末、満を持して朝興の本拠・江戸城を囲んだ。

さかのぼること十日前の正月三日、朝興は山内上杉憲房と攻守同盟を結ぶため河越《かわごえ》城に向かっており、その隙を氏綱は突いたのだ。

朝興は前年から、山内上杉氏との同盟締結を模索しており、その情報が北条方に漏れたと考えられる。

つまり先制攻撃である。

江戸城を囲んだ氏綱は、城代として城を守る太田資高《すけたか》（江戸太田氏）に降伏を呼びかける。これに応えた資高は戦わずして城を明け渡した。

氏綱は一兵も損じず、敵方の本拠を手に入れた。これにより北条方の領国は、多摩川の線から入間《いるま》川の線まで拡大された。

これを聞いた朝興は憲房との合流を果たし、反撃態勢を整える。しかし二月二日、資高同様、北条方に寝返った太田資頼（岩付《いわつき》太田氏）によって岩付城が攻略さ

古河公方・小弓公方　足利氏系図

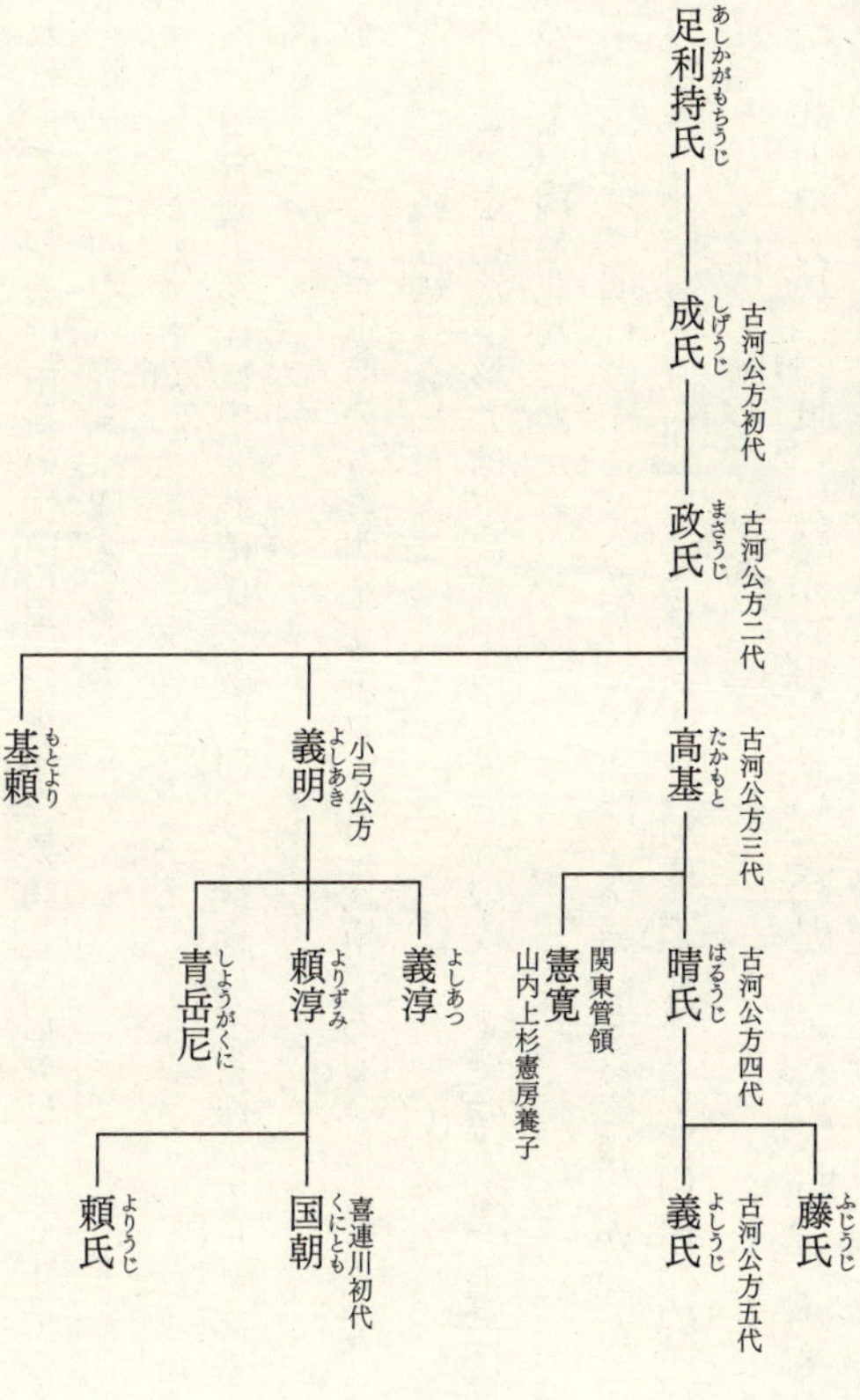
足利持氏《あしかがもちうじ》
成氏《しげうじ》
古河公方初代
政氏《まさうじ》
古河公方二代
高基《たかもと》
古河公方三代
義明《よしあき》
小弓公方
基頼《もとより》
晴氏《はるうじ》
古河公方四代
憲寛
関東管領
山内上杉憲房養子
義淳《よしあつ》
頼淳《よりずみ》
青岳尼《しょうがくに》
藤氏《ふじうじ》
義氏《よしうじ》
古河公方五代
国朝《くにとも》
喜連川初代
頼氏《よりうじ》

れた。ちなみに資高も資頼も道灌の孫にあたる。

これに慌てた朝興は甲斐の武田信虎《のぶとら》に支援を要請し、信虎は津久井まで侵攻して氏綱を牽制したので、戦線は膠着《こうちゃく》した。

信虎とは、言わずと知れた信玄の父のことである。

山内・扇谷両上杉氏に甲斐武田氏を敵に回した氏綱は、古河公方足利高基への接近を図る。

しかし、ここまで小弓公方義明を支持してきた氏綱である。この時点で、この調略は失敗し、孤立の度合いは深まった。

十月、これを見た上杉方は、武蔵国の毛呂《もろ》城への攻撃を開始する。毛呂城は、この時の北条領国最北端にあたる。

氏綱は毛呂城を明け渡すことを条件に、和睦《わぼく》を締結せざるを得なかった。

この和睦は武田信虎が仲介したらしく、氏綱は千貫文《かんもん》（現代価値で約一億円）を、礼金として信虎に贈っている。

しかし守旧勢力の一掃《いっそう》は、宗瑞から引き継いだ国是も同然であり、このくらいで引くわけにはいかない。

大永五年（一五二五）二月、氏綱は再び武蔵国への侵攻を開始し、岩付城を奪い返すことに成功する。

　これに対して扇谷上杉朝興は、小弓公方義明とそれを支える真里谷武田信清《のぶきよ》に調略を施し、氏綱から離反《りはん》させた。これにより安房《あわ》の里見義豊《よしとよ》も上杉方となり、さらに氏綱の孤立は深まった。

　同年八月、河越城を発した朝興は、氏綱と無二の一戦に及ぶべく江戸城に向かい、これを阻止しようとした北条方と白子原《しらこはら》で激突する。

　この戦いは上杉方の大勝利に終わり、北条方は大将の福島九郎《くしま》（北条綱成《つなしげ》の実父か）が敗死するほどの惨憺《さんたん》たる敗北を味わった。

　かくして氏綱は苦境に追い込まれ、宗瑞の目指した関東制圧事業は頓挫しかかっていた。

第六章　苦闘の果て

五代約百年の間に、北条氏は六度にわたって滅亡の危機を迎えている。

まず、扇谷《おうぎがやつ》上杉・三浦両勢によって小田原《おだわら》城が囲まれた永正《えいしょう》七年（一五一〇）、続いて、本章で取り上げる大永《だいえい》六年（一五二六）、さらに河越《かわごえ》合戦で名高い天文《てんぶん》十四年（一五四五）、長尾景虎《かげとら》（後の上杉謙信）が十万の大軍で小田原城を囲んだ永禄《えいろく》四年（一五六一）、武田信玄が関東に侵攻してきた永禄十二年（一五六九）、そして天正《てんしょう》十八年（一五九〇）の小田原合戦である。

最後は実際に滅亡してしまうのだが、整理すると以下のようになる。

和暦（西暦）	当主	敵方主将	結果
永正七年（一五一〇）	宗瑞《そうずい》	扇谷上杉朝良《ともよし》	和睦《わぼく》
大永六年（一五二六）	氏綱《うじつな》	扇谷上杉朝興《ともおき》	詳細不明
天文十四年（一五四五）	氏康《うじやす》	山内《やまのうち》上杉憲政《のりまさ》	撃退
永禄四年（一五六一）	氏康	長尾景虎	敵方撤退
永禄十二年（一五六九）	氏康	武田信玄	敵方撤退
天正十八年（一五九〇）	氏直《うじなお》	豊臣秀吉	降伏開城

右の六回の中で、大永六年と天文十四年の二回が、小田原城まで攻め込まれていないが、大永六年の危機で北条氏は、武蔵国中央部の蕨《わらび》城と岩付《いわつき》城を奪回され、鎌倉北部の玉縄《たまなわ》城まで攻め込まれ、領国を入間《いるま》川以南にまで縮小させられている。

この後、大永七年（一五二七）から享禄《きょうろく》二年（一五二九）までの記録に欠落があり、関東の動静は不明だが、享禄三年（一五三〇）には、多摩《たま》川流域の小沢《おざわ》城や世田谷《せたがや》城を落とされ、北条方は江戸城まで攻め込まれているので、氏綱の苦境は続いていたと思われる。

ちなみにこの年六月、嫡男《ちゃくなん》で十六歳の氏康が初陣を飾り、小沢原《おざわがはら》合戦で扇谷上杉勢を破っている。これは軍記物にしかない記録だが、状況から考慮すると、史実として十分にあり得ることとされている。

押され気味の氏綱に復活の兆《きざ》しが見え始めるのは、天文二年（一五三三）になってからである。

七月、里見氏の内訌《ないこう》に介入し、上杉方の支援を受けた義豊《よしとよ》を滅亡に追い込んだ氏綱は、新当主の義堯《よしたか》を味方に付けた。

苦しい中でのわずかな光明である。

関東に孤立する氏綱の味方は、前述の里見氏と駿河《するが》の今川氏くらいになっていた。今川氏当主の氏輝《うじてる》は、先代の氏親《うじちか》同様、北条氏との関係を重視し、緊密な関係を築いていた。

後のことだが、小田原での歌会に、氏輝と次弟の彦五郎がそろって参加したという記録がある。この時代、大名家の当主と次弟が隣の大名の城に行き、歌会に興じるというのは珍しい。つまり、それほど今川・北条両氏は親しかったと考えられる。

これに対して扇谷上杉朝興は、天文二年（一五三三）、武田信虎《のぶとら》嫡男で十三歳の太郎（後の晴信《はるのぶ》・信玄）に娘を嫁《とつ》がせており、今川・北条連合同様の堅固な関係を、甲斐《かい》武田氏との間に築こうとしていた。

天文四年（一五三五）八月、氏輝から後詰《ごづめ》要請を受けた氏綱は、今川勢と共に甲斐の山中湖付近で武田勢と干戈《かんか》を交え、これを破っている。敵主将の勝沼信友《かつぬまのぶとも》までも討ち取る大勝利だった。勝沼信友とは武田信虎の同母弟で、この頃の武田家中の重鎮《じゅうちん》である。

この時、武田軍は二千余で、信虎もおらず、二万余に膨《ふく》れ上がった今川・北条連合軍に抗すべくもなかったと言われるが、実は、これは信虎と朝興の仕組んだ広域陽動作戦だった。

氏綱が関東を留守にしている間、相模中郡まで侵攻した朝興は、周辺地域一帯を焼き払っている。

こうした「焼き働き」は敵の兵糧《ひょうろう》を枯渇させるために、しばしば行われ、敵の攻勢限界点を短縮化させる効果がある。いつの時代も「戦は兵站《へいたん》次第」なのだ。

この報復措置として、氏綱は十月、河越城を目指して北上を始め、南下してきた扇谷勢と武蔵国狭山《さやま》の入間川付近で激突し、勝利を収めている。

山中湖畔に続いて入間川での勝利は、北条方を勢いづかせた。

こうした合戦での勝利だけではなく、氏綱を取り巻く状況が好転した要因の一つは、この年の初め頃から、下総の千葉・原・真里谷《まりやつ》武田氏が相次いで、北条傘下《さんか》に入ってきたこともある。

これまでは、古河公方《こがくぼう》家を介して緩やかな連合を組み、小弓《おゆみ》公方・足利義明《よしあき》一派に対抗していた彼らだが、ここにきて義明の領土拡張意欲が強まり、北条氏を頼らざるを得なくなったのだ。

ちなみにこの年、高基《たかもと》の死去に伴い、古河公方の地位は、息子の晴氏《はるうじ》に引き継がれている。

ところが天文五年(一五三六)三月、最も安定していたはずの今川家中で大事件が起こる。

当主の氏輝が突然、死去したのだ。同日に次弟の彦五郎も死去していることから、重臣の福島《くしま》一族の政変の可能性も指摘されるが、この事件に関する記録は残っておらず、真相は闇の中である。

氏輝は病弱で武を好まなかったらしいが、死の直前に弟の彦五郎ともども小田原を訪れ、歌会に参加しているので、健康だったのは間違いなく、二人の死は不可解極まりない。

いずれにしろ、家督《かとく》相続をめぐって内訌が起こった。

花蔵《はなくら》の乱である。

家中を取り仕切っていた故氏親の正室・寿桂尼《じゆけいに》は、実質的な為政者《いせいしや》の太原雪斎《たいげんせつさい》と相談し、梅岳承芳《せんがくしようほう》を還俗《げんぞく》させて義元《よしもと》と名乗らせた。ところが、重臣の福島氏がこれに反対した。これが福島氏クーデター説の裏付けとなる。

当主の福島正成《まさしげ》は、かつて氏親の側室《そくしつ》に娘を入れており、その娘が生んだ子で、僧籍にある玄広恵探《げんこうえたん》に家督を継がせようとしていたのだ。

福島氏に加担する国衆《くにしゅう》もおり、当初は駿府館を襲うほどの勢いだったが、氏綱が義元側として内訌に介入することで情勢は一変し、玄広恵探は福島一族もろとも滅亡した。

これにより、梅岳承芳こと義元が家督の座に就いた。

つまり義元は、氏綱のおかげで家督に就けたと言っても過言ではない。

しかし翌天文六年（一五三七）二月、とんでもないことが起こる。

あろうことか義元は武田信虎と同盟を結び、その長女を正室に迎えたのだ。

既述《きじゅつ》の通り、信虎と氏綱は不倶戴天《ふぐたいてん》の敵どうしである。

しかもこの同盟は、氏綱に何の通達もなく締結されたため、氏綱の面目は丸つぶれとなった。

二月末、駿河に出兵した氏綱は諸所で今川勢を破り、六月までに富士川以東の地域を制圧した。

ちなみに駿河国は、富士川という大河で二分されており、東の部分は河東《かとう》地域と呼ばれる。

それゆえ、この戦いは河東一乱と呼ばれ、以後、九年にわたり、富士川を挟んで大小の戦闘が繰り返されることになる。

宗瑞の代から五十年余にわたって蜜月《みつげつ》を続けてきた北条・今川両氏が、遂に袂《たもと》を分かったのだ。

▲

氏綱が駿河に出張っていた天文六年四月、扇谷上杉朝興が五十歳で病死し、十三歳の嫡男・朝定《ともさだ》が家督を継いだ。当面、家宰《かさい》の難波田善銀《なんばだぜんぎん》の指揮により、扇谷上杉氏は動かされていく。

庇護者《ひごしゃ》であった朝興の死により、「東国を覆うばかり」と謳《うた》われた小弓公方義明の勢力にも、陰りが見え始めた。

その本拠のある房総半島では、依然として真里谷武田家の内訌などの抗争が続いていた。

義明を擁立《ようりつ》した武田恕鑑《じよかん》は、天文三年（一五三四）に義明から自害を強要され（一説に病死）、家督は庶出の長男・信隆《のぶたか》が継いでいた。しかし嫡出《ちやくしゆつ》の弟・信応《のぶまさ》を

小金城
葛西城
国府台城
太日川
佐倉城
椎崎城
千葉城
小弓城
東金城
中野城
土気城
養老川
椎津城
池和田城
一宮城
一宮川
小櫃川
天神台城
長南城
小糸川
真里谷城
夷隅川
佐貫城
久留里城
小田喜城
万喜城
勝浦城
百首城
(造海)
峰上城
金谷城
稲村城
白浜城
0
20km

房総半島主要城郭図

支持する一派があり、双方が対立したのだ。

五月、双方は衝突し、「上総錯乱《かずささくらん》」と呼ばれるほどの大乱に発展する。

氏綱の支援する信隆方は、小弓公方義明の支援する信応方に押され、本拠の真里谷城を放棄し、詰城《つめじろ》的な位置付けの峰上《みねがみ》城に移った。

駿河戦線に釘付けにされている氏綱は小田原から動けず、大藤金谷斎信基《だいとうきんこくさいのぶもと》を真里谷城の付城として築いた天神台《てんじんだい》城（新地《しんち》城）に派遣する。しかし小弓勢が峰上城を攻め始めると、信隆一派は瓦解《がかい》し、大藤隊は敵中に取り残された。

この時、同じく百首《ひゃくしゅ》城（造海《つくろみ》城）まで救援に来ていた里見義堯も孤立する。

救出の手立てのなくなった氏綱は、信応の家督相続を認める代わりに、義明に大藤金谷斎らの助命と解放を願った。

義明もこれを認めたので、大藤金谷斎らは帰国することができた。

しかし里見義堯は、義明に忠節を誓うことで許されたらしく（以前から内通していたとも）、以後、小弓公方陣営に組み込まれる。

かくして氏綱は房総を失った。

これを見た扇谷上杉朝定は七月初め、武蔵国の深大寺《じんだいじ》要害を取り立て、南下の気配を示すが、北上した北条方により河越城近郊で大敗を喫し、八十年余にわたって本拠としてきた河越城をも失う羽目に陥る。

一方、緊迫の度合いを深める駿河戦線と、房総半島からの撤退という不利な情勢下にありながら、氏綱は、最初の攻撃から十三年余にして河越城を奪取した。

翌天文七年（一五三八）正月には、新たに山内上杉氏当主となった憲政と共に、朝定が河越城近郊まで攻め寄せるものの、北条方はこれを撃退している。

ちなみに憲政は、古河公方家から養子に入った憲寛《のりひろ》を享禄四年（一五三一）に追放して当主となっており、この時、十六歳である。

二月、北条方の攻撃により、大石氏の葛西《かさい》城が落城した。

扇谷上杉氏の勢力は、朝定のいる松山城と重臣・太田資頼《すけより》の岩付城周辺に限られ、土豪《どごう》程度にまで、その勢力は縮小した。

葛西城を北条氏に押さえられたことは、小弓公方義明にとって、白刃《はくじん》を胸に突き付けられたも同じである。しかも自らの支持基盤だった扇谷上杉氏の勢力は著しく衰え、真里谷武田氏は自ら内訌を招いて弱体化の一途をたどっており、義明は、自力で勢力の挽回《ばんかい》を図らねばならなかった。

九月、葛西城を奪還すべく、義明は下総西端の国府台《こうのだい》城まで進出する。後方には里見義堯、真里谷武田信応、土気《とけ》酒井定治《さかいさだはる》らも従っている。

義明直属軍の総兵力は一千余という（『快元僧都記《かいげんそうずき》』では二千）。

一説にこの時、義明は葛西城奪還を目指していたわけではなく、太日川《ふとい》沿いに北上し、関宿《せきやど》・古河方面に攻め上る考えだったとも言われている。

つまり一気に古河公方家を屠《ほふ》り、関東の主になろうとしたのだ。

いずれにせよ、北条方も江戸・葛西両城に兵を集結させたので、双方は太日川を挟み、にらみ合う形勢になった。

十月、義明は先手衆《さきて》を北方の相模台まで進出させた。この部隊は、椎津《しいづ》・村上・堀江・鹿島ら小弓公方直属軍と呼んでも差し支えないほど忠誠心の強い国衆で編制されており、彼らと義明が分断されたことが、敗因の一つになる。

義明北上の報に接した古河公方晴氏は、すぐさま氏綱に「退治」を依頼してきた。これを受けて小田原から駆けつけた氏綱の兵力は、すでに江戸・葛西両城に集結していた軍勢を加えて、五千余に達した。

小弓勢一千に対して約五倍の兵力だが、義明は北条方の兵力を侮《あなど》っていた節もあり、決戦を挑んでくる。

小弓勢の先制攻撃によって第一次国府台合戦は幕を開けた。

合戦の経緯については、軍記物を除けば『快元僧都記』くらいにしか記述がない。

それによると太日川を渡河し、相模台とは谷津《やつ》一つ隔てただけの松戸台に着陣した北条方三千に向かって、国府台にいた義明と相模台にいた椎津ら小弓公方直属軍が襲い掛かった。ところが、松戸台にいる北条勢は囮《おとり》で、義明は氏綱率いる主力勢に背後を突かれた。

小弓勢は瞬《また》く間に崩壊し、義明はもとより、嫡男の義淳《よしあつ》や弟の基頼《もとより》、さらに義明の馬廻《うままわり》衆百四十人余も討ち死にした。

『快元僧都記』には「大弓（小弓）上様御一門悉《ことごとく》御滅亡《おんめつぼう》」とあり、凄惨《せいさん》な殲滅《せんめつ》戦《せん》が展開されたようである。

後方でこの敗報に接した里見義堯らは、すぐさま引き揚げている。瞬く間に勝敗が決したため、義明らを救う手立てさえ考えられなかったのだろう。

これにより、武田恕鑑に擁立されて以来、二十年余にわたって房総に覇を唱えた小弓公方家は滅亡した。

氏綱のライバルとして眼前に立ちはだかった小弓公方足利義明とは、いかなる人物だったのか。

二代古河公方・政氏《まさうじ》の次男として生まれた義明は、長男に高基がいるため、僧としての生涯を送る運命《さだめ》にあった。

文亀《ぶんき》三年（一五〇三）頃に出家した義明は、鶴岡八幡宮若宮別当《つるがおかはちまんぐうわかみやべっとう》に就任、空然《こうねん》と称し、鎌倉宗教界の頂点を目指した。

しかし空然は、僧として一生を送ることに飽き足らず、父の政氏と共に古河公方高基に対抗しようとした。しかし政氏は、勝負所でも断固たる態度を取ろうとせず、優柔不断《ゆうじゅうふだん》この上ない。

空然の不満は募った。

それに目をつけたのが、上総の国人武田信清《のぶきよ》こと、後の恕鑑である。

恕鑑には房総統一という野望があり（実際には千葉・原両氏の領土併呑《へいどん》か）、その実現には、大義名分《たいぎめいぶん》が必要だった。

永正七年（一五一〇）、恕鑑は下野《しもつけ》国の祇園《ぎおん》城（小山《おやま》城）で不遇をかこっていた空然に声をかけ、房総統一の旗頭《はたがしら》に祭り上げた。これにより空然は、還俗して義明と名乗ることになる。

この時、恕鑑は、義明を名目だけのお飾りに推戴《すいたい》しようとしていたに違いない。しかし義明は、恕鑑の思惑通りに動くような男ではなかった。

同十四年（一五一七）、恕鑑と共に原氏の小弓城を奪取した義明は、自ら鎌倉公方の正統を宣言し、その居城《きよじょう》を小弓御所と呼ばせた。

翌永正十五年（一五一八）には扇谷上杉朝良が没し、絶望した政氏が隠遁《いんとん》するので、義明と古河公方高基との対立という図式が浮かび上がってくる。

永正年間終盤から大永（一五二一～一五二八）、享禄（一五二八～一五三二）、天文年間初頭にかけて、小弓公方と古河公方を支持する千葉・原・高城《たかぎ》氏らの戦いは、飽くことなく続けられた。

やがて恕鑑とも不和となった義明は、天文三年（一五三四）、小弓御所に招いた恕鑑に詰腹《つめばら》を切らせ、真里谷武田氏の軍勢をも意のままに動かすようになる。

『鎌倉公方九代記』には、義明を「其《そ》の心飽くまで不敵にして、骨太く力強く、早業打物《わざうちもの》の達者、当代無双《むそう》の英雄なり」と評している。

義明は、鎌倉時代の御家人《ごけにん》を代表する足利氏の血を最も色濃く受け継いだ英雄タイプの人物だったに違いない。

しかし、その自負心はあまりに大きく、国府台では兵力面で劣勢にあるにもかかわらず、自軍を二分した状態で戦端を開き、自ら墓穴を掘ってしまうことになる。

ちなみにこの時、小弓城から逃げ遅れた義明の娘が氏綱に保護され、鎌倉で出家させられた。

青岳尼《しょうがくに》である。

すでに青岳尼は里見義堯の嫡男・義弘《よしひろ》と婚約していたが、鎌倉に連行されることにより、その約束も雲散霧消《うんさんむしょう》した。

鎌倉尼五山筆頭・太平寺《たいへいじ》の住持に据えられた青岳尼は、僧として生涯を送ることを強いられる。

ところが弘治《こうじ》二年（一五五六）、にわかに城ケ島《じょうがしま》沖に姿を現した里見水軍は、北条方の防衛線を破ると、三浦三崎に上陸し、鎌倉まで攻め寄せた。

鎌倉を一時的に占拠した里見義弘は、諸寺に本領安堵《あんど》の制札《せいさつ》まで下したが、真の狙いは、かつての許婚《いいなづけ》である青岳尼を奪回することにあった。

太平寺に駆けつけた義弘は、青岳尼と十七年ぶりの再会を果たし、あらためて青岳尼に結婚を申し込んだ。

青岳尼にも否《いな》はなく、義弘と共に房総に渡り、還俗して義弘の正室となって子までなした。これが次代当主の義頼《よしより》である。

非業《ひごう》の死を遂げた義明だったが、その血は里見家に引き継がれていった。

▲

小弓公方家の滅亡は、房総半島の勢力図に異変をもたらした。

北条傘下の千葉氏は小弓領を併呑し、真里谷武田氏の当主には信隆が返り咲いた。房総半島は里見義堯の安房《あわ》を除き、大半が北条氏ないしは、その傘下国衆のものとなった。

中でも、己の地位を脅《おびや》かしていた小弓公方家の没落に、最も喜んだのは古河公方晴氏である。

晴氏は氏綱の忠節をたたえ、氏綱を関東管領職に補任《ぶにん》し、氏綱の娘を正室に迎える。これにより「足利氏御一家」となった北条氏は、以後、古河公方家と緊密な関係を築いていく。

かくして苦闘の時代を乗り越えた氏綱は、北条氏を関東武家社会の頂点に君臨させることに成功した。

領国の拡大と並行して氏綱は、鶴岡八幡宮の造営事業にも力を注《そそ》いだ。

鶴岡八幡宮こそは鎌倉幕府創建以来の武士の社《やしろ》であり、その造営事業の音頭《おんど》を取ることは、東国武家の頂点に立つことを意味する。

氏綱は、敵味方を問わず関東の武家たちに奉加《ほうが》(募金のようなもの)を求めたが、両上杉氏をはじめとする敵対勢力は応じなかった。

応じてしまえば、氏綱の麾下《きか》に参ずることになるからだ。

造営は天文元年(一五三二)から始められ、京や奈良からも職人が招聘《しょうへい》されるほどの大規模なものとなった。

造営開始から約十年後の天文九年(一五四〇)十一月、落慶式が盛大に行われ、造営は一応の終息を見た(完全な終了は天文十三年)。

ところが、落慶式から約半年後の天文十年(一五四一)夏頃、氏綱は病《やまい》に倒れ、七月十七日に死去する。死の少し前の同月四日に出家していることから、突然、病を得て、瞬く間に重篤《じゅうとく》となったものと思われる。

その享年は五十五。

北条氏綱の妻子

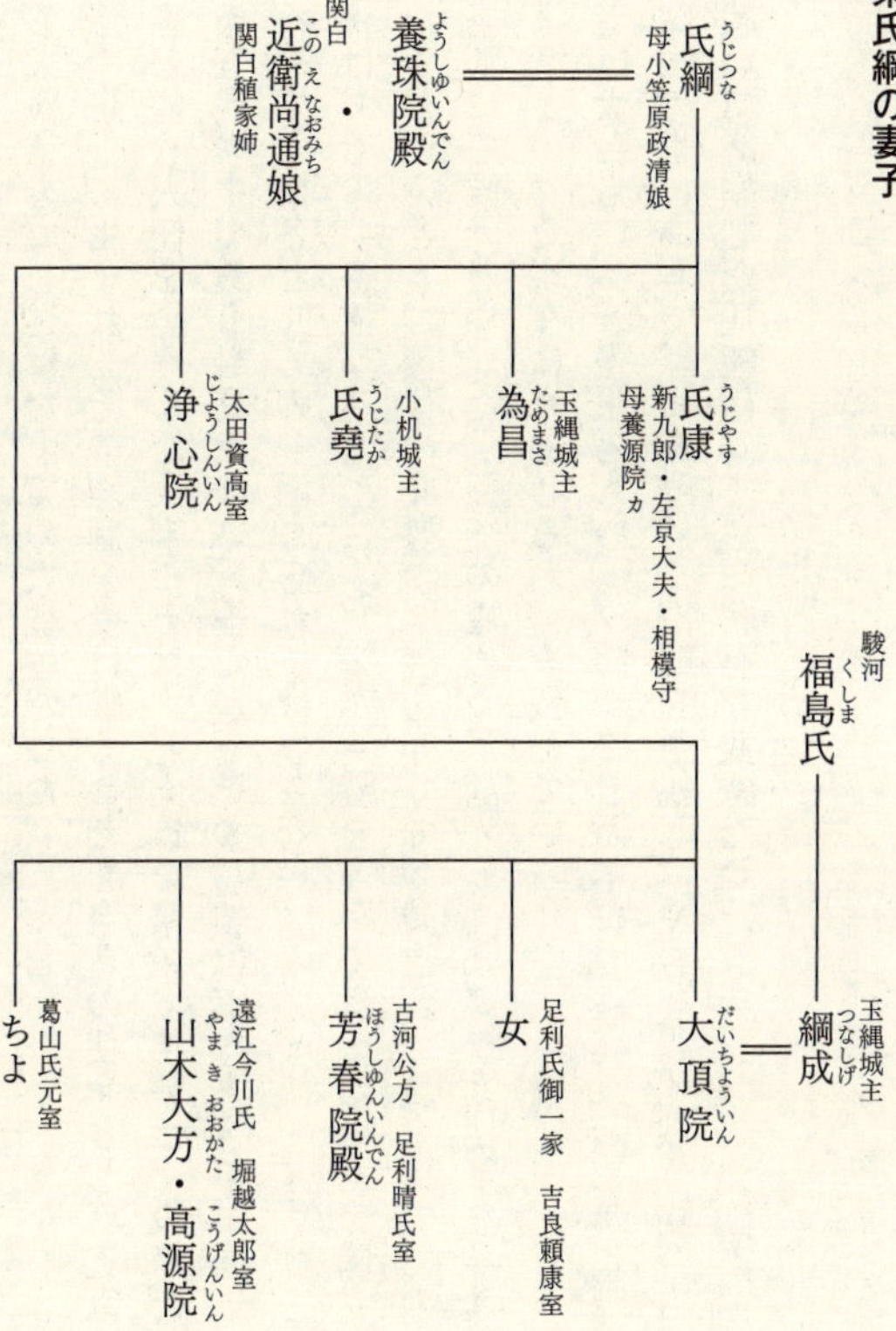
氏綱《うじつな》
母小笠原政清娘
養珠院殿《ようしゅいんでん》
関白・近衛《このえ》尚通《なおみち》娘
関白植家姉
氏康《うじやす》
新九郎・左京大夫・相模守
母養源院ヵ
為昌《ためまさ》
玉縄城主
氏堯《うじたか》
小机城主
浄心院《じょうしんいん》
太田資高室
駿河
福島《くしま》氏
綱成《つなしげ》
玉縄城主
大頂院《だいちょういん》
女
足利氏御一家　吉良頼康室
芳春院殿《ほうしゅんいんでん》
古河公方　足利晴氏室
山木大方《やまきおおかた》・高源院《こうげんいん》
遠江今川氏　堀越太郎室
ちよ
葛山氏元室

この時代でも長命とは言えないが、鶴岡八幡宮の造営という、人生の最後を締めくくる大事業を成し遂げた上での大往生だった。

宗瑞の息子に生まれ、その理想を受け継ぐことを自らの使命とし、実直に北条氏の当主という大任を全うした氏綱こそは、北条氏を繁栄に導いた立役者だった。

北条五代の中で最も目立たない氏綱だが、その功績は実に大きい。

むろん、人格者としての一面も忘れてはならない。

氏綱は、その「書置（遺言）」において、「義を違《たが》いては、たとえ一国、二国切り取りたるといえども、後代の恥辱」、「義を守りての滅亡と、義を捨てての栄華とは天地格別にて候」といった子孫への戒めや、「勝って兜《かぶと》の緒を締めよ」「適材適所を心得よ」といった現在にも通じる名言を残している。

「武者は犬ともいへ、畜生ともいへ、勝つことが本《ほん》にて候《そうろう》」（「朝倉宗滴《そうてき》話記」）という戦国の世にあって、戦を避けて調略を重視し、やむを得ず戦う場合も、義を貫いた戦いに終始した氏綱は、まさに希有《けう》な武将だった。

第七章

運命の一戦

北条五代の物語も、いよいよ三代氏康《うじやす》の時代を迎える。

父氏綱《うじつな》の死に伴い、氏康が当主の座に就いたのは天文《てんぶん》十年（一五四一）、二十七歳の時である。

永正《えいしょう》十二年（一五一五）の生まれの氏康は、十五歳の享禄《きょうろく》二年（一五二九）に元服《げんぶく》し、初陣は享禄三年（一五三〇）六月の小沢原《おざわがはら》合戦と伝わる。

この戦いは、扇谷《おうぎがやつ》上杉朝興《ともおき》勢の先手《さきて》を担った難波田《なんばだ》勢が、多摩川河畔の相模国側の小沢原に陣を布いているところに、氏康率いる北条勢が襲い掛かり、北条方が大勝利を収めたものである。

氏綱死去の一カ月ほど前には、甲斐《かい》で武田晴信《はるのぶ》が父の信虎《のぶとら》を追放して当主の座に就いているので、氏康と晴信は、奇《く》しくも同じ年に当主になったことになる。

氏康が家督《かとく》を継いで間もない天文十年十月、扇谷上杉勢が、河越《かわごえ》城奪回を目指して攻め寄せてきた。この時、氏康は敵の攻撃を弾き返し、城と領国を守り抜いた。

十二月には、山内《やまのうち》上杉氏の支配下にある北武蔵《きたむさし》の本庄《ほんじょう》付近まで攻め寄せ、大いに武威《ぶい》を顕《あらわ》した。

当主を継いだ直後の戦いは、敵方はもとより、味方へのアピールとしても重要である。これらの戦いにより氏康は、家臣や傘下国衆《さんかくにしゅう》から当主として認められることになる。

　天文十二年（一五四三）になると、房総半島で真里谷《まりやつ》武田氏の内訌《ないこう》が再燃する。詳述は避けるが、これが北条と里見の代理戦争に発展し、真里谷武田領は双方の草刈り場と化した。

　北関東戦線でも変化が生じていた。

　天文十三年（一五四四）正月、氏康は武田晴信との間に同盟を締結した。これは、父信虎を追放した直後に山内上杉憲政《のりまさ》の侵攻を受け、信濃佐久《しなのさく》郡を掠《かす》め取られた晴信が望んだものだった。

　武田家と同盟した氏康は、天文十三年から翌十四年（一五四五）にかけて、山内・扇谷両上杉領に断続的に侵攻し、五月には、山内上杉氏傘下国衆である忍《おし》城の成田長泰《ながやす》を服属させている。

　これに怒った憲政は忍城に攻め寄せるが、忍城を落とすには至らなかった。

　この時、憲政は古河公方晴氏《こがくぼうはるうじ》にも参陣を要請し、晴氏も色よい返事をしており、両者の関係が好転していたことがうかがえる。

　晴氏は小弓《おゆみ》公方家を滅ぼした北条氏に大恩があり、以後も、さしたる軋轢《あつれき》を生じさせていたわけではない。今更《いまさら》なぜ、憲政に与《くみ》したかは謎である。

いずれにせよ、成田氏の離反が憲政の危機感を煽《あお》り、それが河越合戦の引き金となっていく。

▲

頼山陽《らいさんよう》の『日本外史《がいし》』において、桶狭間《おけはざま》・厳島《いつくしま》両合戦と並び「日本三大奇襲戦」の一つに挙げられたのが河越合戦である。

この三戦は奇襲というだけでなく、劣勢にある方が優勢な敵を完膚《かんぷ》なきまでに打ち破り、敵大将の首を獲《と》ったという点で共通している。

中でも河越合戦は、その戦域の広さと動員兵力の多さで一頭地《いっとうち》を抜いている。

河越の地は古来、武蔵国の中心だった。

河川の氾濫《はんらん》は多いものの、周辺には肥沃《ひよく》な土地が広がり、農業生産性も高かった。その証拠に、「河越」という地名は「河肥」、すなわち河川の生んだ堆積《たいせき》した土壌により、土地が肥えているという意味に由来するという。

また河越の周辺には、荒川、入間川《いるま》、河岸川《かし》といった河川や、その支流が錯綜《さくそう》しており、まさに南北関東を結ぶ交通の要衝《ようしょう》となっていた。それゆえ、いくつもの川を越えねばならないことから、「河越」という地名が生まれたとも言われる。

戦国中期から後期の戦いが、流通を押さえる地の争奪戦に重きが置かれ、それを奪われた方が衰微《すいび》していくことからも、河越城の重要性が分かろうというものである。

その河越の地に、扇谷上杉氏家臣の太田道真《どうしん》・道灌《どうかん》父子が城を築いたのは、長《ちょう》禄《ろく》元年（一四五七）とされる。その後、氏綱に奪われる天文六年（一五三七）まで八十有余年にわたり、河越城は扇谷上杉氏の本拠ないしは準本拠となってきた。

この地を舞台に、北条五代における軍事面での白眉《はくび》となる河越合戦が勃発する。

天文十四年（一五四五）八月、前代の氏綱の頃から敵対していた駿河《するが》の今川義元《よしもと》が、甲斐の武田晴信の後詰《ごづめ》を得て、北条氏が占拠していた河東《かとう》地域（富士川以東の駿河国）に侵攻してきた。

北条氏と武田氏は同盟締結中であり、武田氏から一方的に裏切られたのだ。

今川・武田連合の圧力には抗し得ず、北条方は最前線の吉原《よしわら》城を放棄し、駿豆《すんず》国境の長久保《ながくぼ》城まで撤退した。

九月、義元は駿河国駿東郡まで兵を進め、国人《こくじん》の葛山氏元《かつらやまうじもと》（氏康の妹婿《いもうとむこ》）を北条方から離反させると、先手を担う御宿《みしゅく》勢に長久保城を攻めさせた。

九月から十月にかけて、双方は三島《みしま》周辺で断続的に衝突する。

この事態に対応すべく、氏康が小田原から長久保城に向かおうとしていた矢先の九月二十六日、山内上杉憲政と扇谷上杉朝定が、河越城を包囲したという一報が届いた。

河越領は北条家の蔵入地《くらいりち》(直轄領)で、城代《じょうだい》に大道寺盛昌《だいどうじもりまさ》、援将に氏康の叔父にあたる北条幻庵宗哲《げんあんそうてつ》と、氏康義弟の綱成《つなしげ》が入っている。

御一家衆二人を河越城に入れていたということは、ある程度、氏康が敵の動きに気づいていたことの証左になる。つまり通説にあるように、「寝耳に水」ではなかったのだ。

いずれせよ氏康は、二面作戦を強い《し》られることになった。

この危機に際し、氏康の義弟にあたる古河公方足利晴氏さえもが北条方から離反し、上杉方として出陣してきた。

氏康は幾度となく晴氏に書状を出し、中立を守るよう諫言《かんげん》したが、晴氏は聞く耳を持たない。おそらく、獲物の分け前に与ろうと目論《もくろ》む小田氏ら常陸《ひたち》国衆に突き動かされていたのだろう。

古河公方・両上杉連合と今川・武田連合を敵に回した氏康は、絶体絶命の危機に陥った。

この二つの連合の間に密約があったとは思えず、十月の時点で、晴氏は氏康と義元、氏康と憲政の間に立って和睦《わぼく》を取り持とうとしている。むろんこの周旋《しゅうせん》が、氏康を弱気にさせるための晴氏の謀略という可能性は残る。

いずれにせよ、この頃の北条氏の国力では、二面作戦は困難であり、氏康は二者択一を迫られた。

すなわち、駿河駿東郡と河越領のどちらを守り抜くかである。

駿東郡を奪われることは、小田原に刃《やいば》を突き立てられるも同じだ。しかし氏康は、躊躇《ちゅうちょ》なく武蔵国の要衝・河越領を守ることを選んだ。

十月下旬、駿河国全面放棄を条件に義元と和睦した氏康は、十一月初旬に長久保城を放棄し、全軍を駿河国から撤退させた。

一方、この頃、憲政は河越城の南西二里半の柏原《かしわばら》に着陣し、城から一里半ほど西の上戸《うわど》と、一里ほど南の砂久保《すなくぼ》に先手衆を置いていた。

朝定は、憲政の先手衆と共に上戸陣にいたと思われる。

城の東方一里には晴氏が、北方二里には岩付《いわつき》城主・太田全鑑《ぜんかん》（資顕《すけあき》）の弟の資正《すけまさ》が陣を布いていた。

これだけ広域に展開して城を包囲するのも珍しいが、当時の河越城は沼沢地《しょうたくち》に囲まれており、脱出ルートが限られているため、これで十分だったのだ。

翌天文十五年（一五四六）二月末頃まで、この状態が続く。

おそらくこの間、上杉方は、幾度か城に攻め寄せていたと思われる。

というのも連合軍は八万余の兵力を擁《よう》しており、それが事実とすれば、兵糧《ひょうろう》の枯渇《こかつ》こそ最も恐れるべきことであり、速戦即決を指向していたはずだからだ。

一方、この三カ月余、小田原の氏康が何もしなかったわけではない。さかんに晴氏に中立を呼びかけると同時に、憲政に河越城を明け渡す代わりに城兵の解放を求めていた。また、岩付城の太田全鑑（資顕）にも調略《ちょうりゃく》を施していた。

晴氏への呼び掛けは聞き入れてもらえず、城兵の解放は憲政に拒否されたものの、全鑑への調略は成功した。

四月中旬、五千の兵を率いた氏康は江戸を経由し、河越城に向けて出陣した。

しかし、北条方の河越籠城衆は三千にすぎず、これに氏康主力勢五千を加えても八千で、連合軍の十分の一でしかない。

四月二十日、砂久保付近に着陣した氏康は、晴氏に兵を引くよう「詫《わ》び言《ごと》」をやめなかった。それが叶《かな》わぬと分かると、再び河越城を明け渡す代わりに城兵の解放

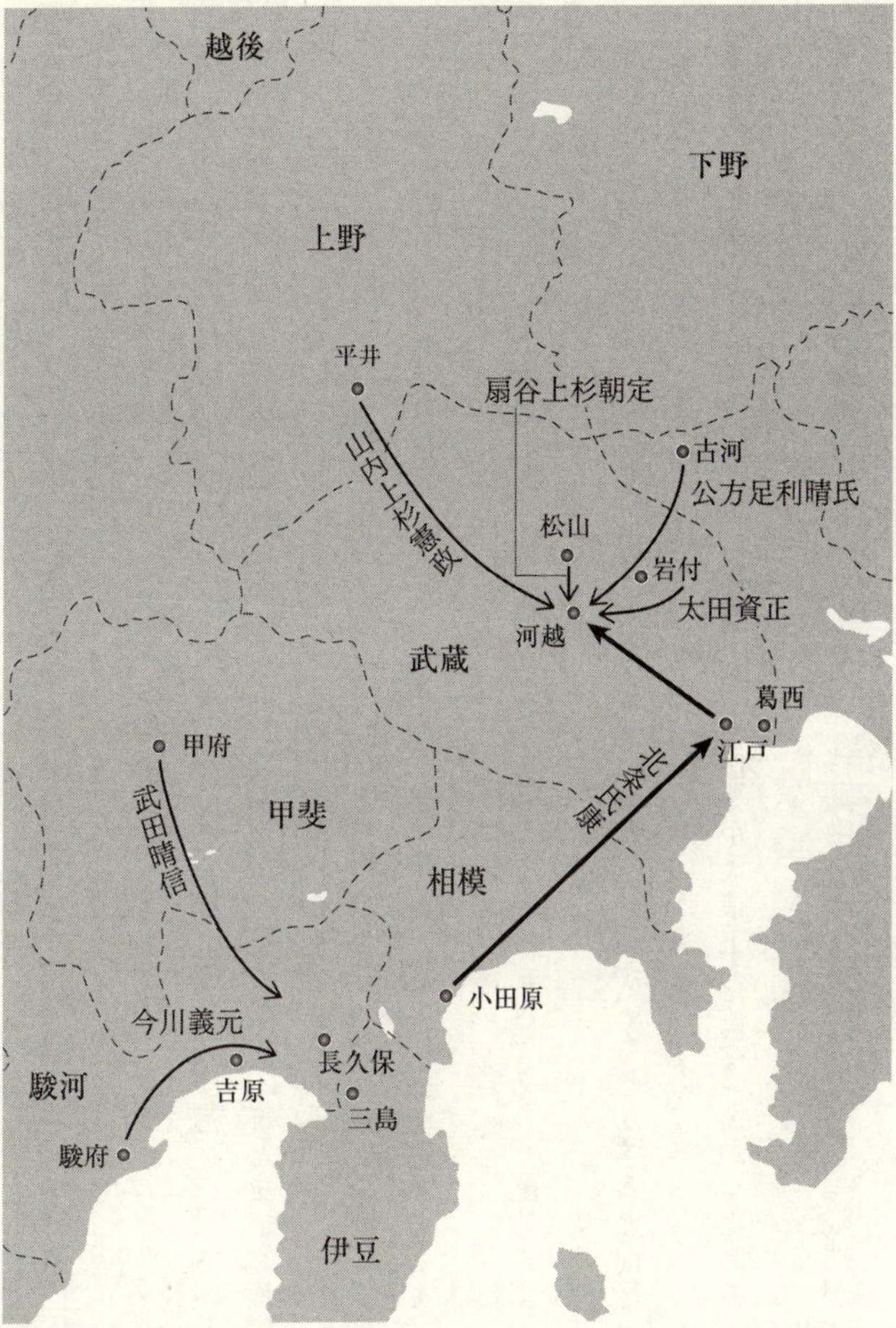

河越合戦時の諸将の移動状況

を求めた。しかし晴氏としては、ここまで追い込んでしまえば勝利は目前であり、「詫び言」などに聞く耳を持たない。

晴氏は「御逆鱗以《ごげきりんもっ》ての外《ほか》」となり、氏康の哀訴を突き放した。

ここで考えておかねばならないのは、氏康がどこまで本気で「詫び言」をしていたかである。これらの哀訴は本気であり、いったん河越城を放棄することまで覚悟していたのかもしれないが、敵を油断させるための演技とも考えられる。

こうした氏康と晴氏のやりとりに、憲政は不安を感じ始めていた。憲政が恐れていたのは、軟化した晴氏が仲裁に入り、河越城を奪う千載一遇《せんざいいちぐう》の機会を逃すことである。

またこの付近は、沼沢地の間を狭い道が幾筋も通っているだけであり、配置によっては前後をふさがれることもあり得る。

憲政の手勢の一部は、砂久保付近に布陣していると伝わるが、もしかすると前後を北条方にふさがれてしまい、慌てて移動を開始したのかもしれない。

軍記物の記述では、憲政に率いられた山内上杉勢が氏康主力に襲い掛かったとされるが、どうだろう。

憲政に何らかの方針があったわけではなく、移動中、出合い頭に遭遇し、戦端が

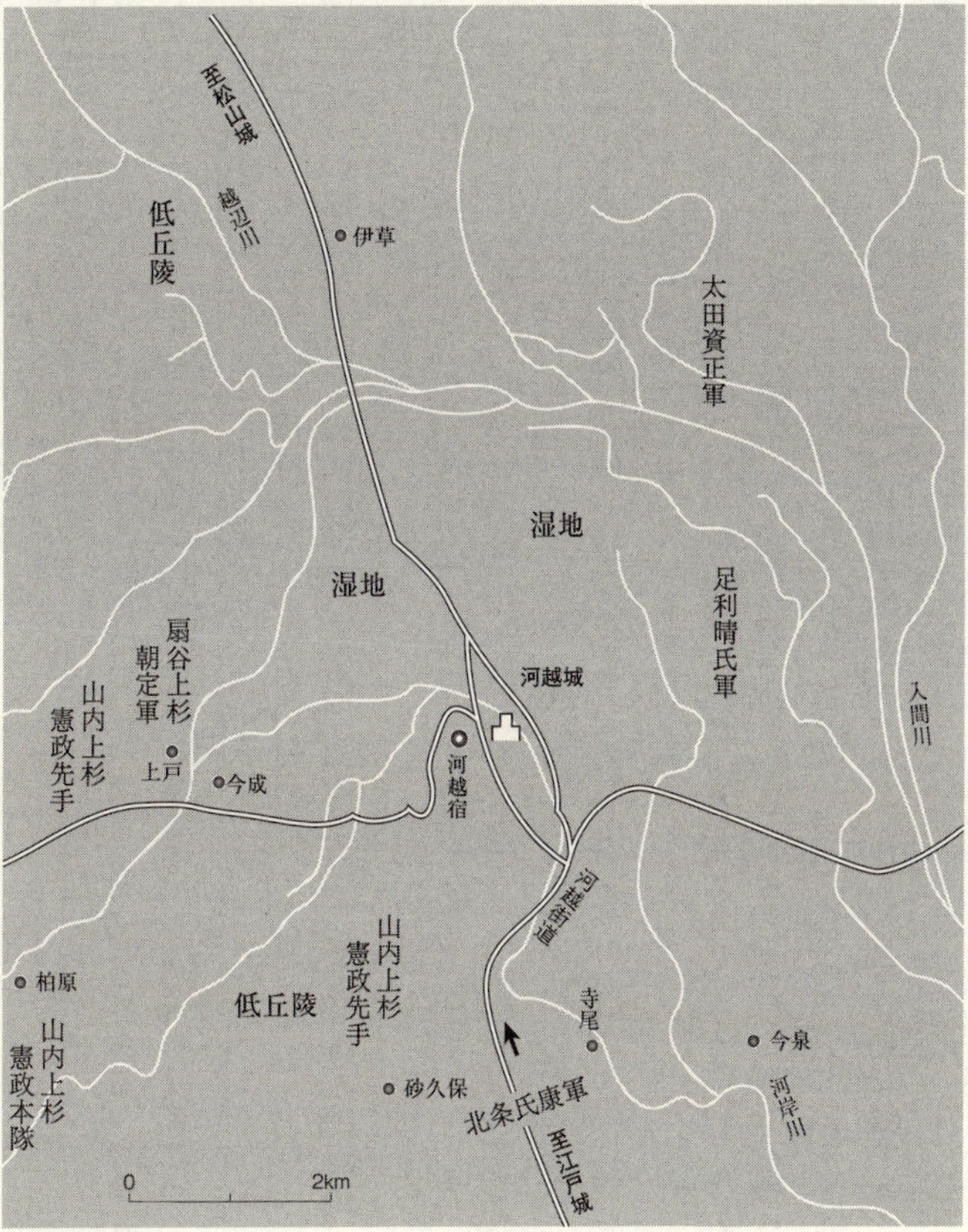
至松山城
越辺川
低丘陵
伊草
太田資正軍
湿地
湿地
足利晴氏軍
扇谷上杉朝定軍
山内上杉憲政先手
河越城
入間川
上戸
今成
河越宿
河越街道
山内上杉憲政先手
柏原
低丘陵
寺尾
今泉
山内上杉憲政本隊
砂久保
北条氏康軍
河岸川
至江戸城
0
2km

河越合戦概念図

開かれたのではないだろうか。

ここで重要なのは、氏康着陣と同日に戦いが始まったことである。つまり「夜戦ではなかった」とされる河越合戦だが、氏康着陣→氏康と晴氏の使者の行き来→憲政の状況把握→山内上杉勢の出陣準備と柏原からの移動といった時間的経過を勘案すると、夜戦となった可能性は否定できない。

もう一つ重要なことは、襲い掛かったのは山内上杉方であり、北条方は、それを受けて立ったことである。

つまり氏康が、本気で「詫び言」をしていた可能性も捨てきれないのだ。軍記物では一連の「詫び言」は氏康の擬態《ぎたい》で、実際は、当初から攻撃するつもりだったかのように記されている。しかし氏康は頑《かたく》ななまでに正義を重んじる人物で、この時だけ姑息《こそく》な手を使ったとは思えない。つまり、たとえ河越城を失っても、戦わずに城兵を救おうとしていた可能性は大いにある。

この合戦の模様を知るには、軍記物を除けば氏康の書状しかない。それによると、北条方は、「両口において同時に切り勝ち」ということになっている。この両口にも諸説あるが、口という用語が必ずしも城の虎口《こぐち》（城の出入り口）を意味するわけではないので、ここは「氏康主力も籠城衆も、二方面で同時に勝ち」と解釈すべきだろう。

北条方と山内上杉方の緒戦を契機として戦線は四囲に及び、混乱の中、連合軍は壊滅した。

連合軍は、主将の一人である扇谷上杉朝定、その重臣の難波田善銀《ぜんぎん》、山内上杉氏重臣の倉賀野三河守《くらがのみかわのかみ》ら三千人余が討ち死にするほどの大打撃を受けた。

結局、扇谷上杉氏は滅亡、山内上杉氏は上野《こうずけ》国まで後退、晴氏も古河に撤退した。

扇谷上杉氏の領国を併呑《へいどん》し、ほぼ武蔵一国を領有することになった北条氏が、有数の戦国大名に成長していくのは周知の通りである。

また、これにより室町幕府の関東統治体制（公方・管領制）は完全に瓦解《がかい》し、旧勢力の退潮は明らかとなる。

▲

河越城を守り抜いた氏康は、間髪《かんはつ》入《い》れず追撃を開始し、扇谷上杉氏の残党が拠《よ》る松山城を奪取した。

ここまで攻めた後、氏康は鉾先《ほこさき》を房総に転じる。

五月、安房《あわ》の里見義堯《よしたか》が北上を開始、千葉氏領国に攻め入り、椎崎《しいざき》千葉氏と臼井《うすい》氏を傘下に収めたからだ。

河越合戦の前に、晴氏や憲政から牽制《けんせい》を依頼されていたとおぼしき義堯は、これほど早く河越合戦が終結するとは思ってもいなかったに違いない。しかし、始めてしまった侵攻作戦を途中で投げ出すわけにもいかず、勢いに乗る氏康の攻撃を正面から受ける羽目に陥った。

九月初旬、いったん小田原に戻り、戦支度《いくさじたく》を整えた氏康は房総への侵攻を開始し、里見方を圧迫しつつ義堯を上総《かずさ》国の佐貫《さぬき》城に追い込んだ。それと並行して、北条氏の傘下国衆である千葉氏も、裏切った椎崎千葉氏と臼井氏を降伏させた。

九月末、佐貫城は落城寸前となり、里見氏は滅亡の淵に追い込まれる。

ところがこの頃、手薄となった北武蔵で異変が起こった。

氏康に領国を追われ、下野《しもつけ》方面に逃れていた太田資正が松山城を奇襲し、これを奪取したのだ。

この事態に、氏康は房総から兵を返さざるを得なくなった。

翌天文十六年（一五四七）六月、里見義堯は北上作戦を再開し、千葉氏の勢力圏を侵食し始めている。それを思えば、この時の太田資正による松山城攻略は、北条氏にとって痛恨事だった。

この年の動向は記録がないが、氏康は松山城を攻撃していたと思われる。

ところが十月、北条方だった太田全鑑が死去し、岩付城主が不在となる。

氏康は当然、直属軍を入れただろうが、十二月、兄の跡目を継ごうと松山城から攻め寄せた資正により、岩付城を攻略されてしまう。城内には、多くの太田家家臣が残されていたはずであり、内外呼応しての奪取劇だったに違いない。

これにより、西武蔵の藤田泰邦《やすくに》、忍の成田長泰、深谷《ふかや》の上杉憲賢《のりかた》らが、離反ないしは旗幟《きし》を不鮮明にしている。

それでも十二月十三日、北条勢に囲まれた松山城が降伏開城した。

城主の上田朝直《ともなお》は、かつての扇谷上杉氏家臣で、資正の傍輩《ほうばい》にあたるが、松山城が本拠のため、資正によって城主に据えられていた。

この時、氏康によって松山領を安堵《あんど》された上田氏は、以後、北条氏の忠実な寄子《よりこ》国衆になり、小田原合戦では小田原城に籠り、北条氏と命運を共にしている。

一方、岩付城に孤立した資正も万事休していた。里見勢は千葉勢と小競り合いをしており、恃《たの》みとしていた山内上杉憲政は、この年八月、武田氏と断交した上、信濃佐久郡に攻め入り、小田井原《おだいはら》で大敗を喫していた。

これにより憲政が、上州《じょうしゅう》勢を引き連れて後詰にやってくることはなくなった。

十二月十三日、氏康は岩付城を包囲する。これに対して資正は、おそらく里見義堯や山内上杉憲政はもちろん、藤田、成田、深谷上杉諸氏に、救援を要請したに違いない。

しかし年が明けても、どこからも後詰軍はやってこず、天文十七年（一五四八）正月十八日、抵抗をあきらめて降伏した。

氏康は資正の武功を評価したのか、それが降伏条件だったのか、そのまま岩付領と岩付城を資正に安堵した。

こうした表裏《ひょうり》定まらぬ者に対しては、開城した後、降伏条件を反故《ほご》にして謀殺や国替えしてしまう勝者が多い戦国の世で、氏康は義を貫いた。

一見、甘い措置に思えるが、こうした場合、間違いなく人質《ひとじち》を取っており、それを担保に太田勢を温存し、軍役《ぐんえき》を課した方が利口なのだ。

むろん人質の命を顧みず、裏切られてしまえば、この判断は間違っていたことになる。

▲

太田資正を服属させ、武蔵国の大半を再び領有することに成功した氏康は、続いて上州の経略を開始する。

天文十七年、上州甘楽《かんら》郡の国峰《くにみね》城主・小幡憲重《おばたのりしげ》を傘下に収めた氏康は、同年十二月、憲重に平井《ひらい》城の山内上杉憲政を攻めさせている。

翌十八年（一五四九）には、武蔵国秩父《ちちぶ》の天神山《てんじんやま》城主の藤田泰邦や、深谷城主の上杉憲賢を従えた。

後にこの藤田氏に養子入りし、その名跡《みょうせき》を継ぐのが氏康四男の氏邦《うじくに》である。

河越合戦勝利の後、太田資正をも傘下に収めたにもかかわらず、上州経略に時間がかかっているのは、この頃、関東全域に深刻な飢饉《ききん》が発生していたからだった。

この間、氏康は内政に力を注ぎ、徳政や減税などの諸施策を講じ、農民たちに耕作地への還住《げんじゅう》を促し、農村の復興に力を尽くした。

こうした「万民哀憐《ばんみんあいりん》、百 姓 尽礼《ひゃくしょうじんれい》（万民を憐み、百姓に礼を尽くすべし）」という理念こそ、北条氏の領国統治の基本である。

常の戦国大名であれば、領国内の問題を外部に転嫁《てんか》するために、領国拡大策を取ることが多い。

飢饉など領国内の問題を解決するには、他国の富を収奪することが最も手っ取り早い解決法であり、それゆえ戦国大名は、拡大策を取りたがる。

しかし新たな占領地から富を収奪すれば、その地もおのずと涸《か》れる。飢饉は全国規模で広がっていることが多く、新たな占領地も涸れているからだ。そのため、さらに新たな地を獲得せねばならなくなる。

つまり「ある地域・集団での飢饉克服のための行動が、他の地域・集団で飢饉を生じさせる」（『百姓から見た戦国大名』黒田基樹《もとき》著ちくま新書）という過酷な実態が、戦国時代の戦争の一断面なのだ。

それは、侵略戦争を始めたらやめられないという戦国大名の宿命でもあった。

すなわち果物の外皮に近い部分の腐食を、さらに外側に押しやることで腐食を転嫁し、中心部を腐食から守る、また、芯に近い部分ほど裕福になるという戦国大名の「拡大至上モデル」である。

これは、チェーン量販店にありがちな店舗数拡大による負債の転嫁や、「ねずみ講」と呼ばれる仕組みに酷似《こくじ》している。

北条氏康の妻子

氏康《うじやす》（母養珠院殿カ）
＝ 瑞渓寺殿《ずいけいじでん》（今川氏親娘）・遠山康光室妹

- 新九郎（母養珠院殿カ）
- 氏政《うじまさ》（新九郎・右京大夫・相模守　母瑞渓寺殿カ）
- 氏照《うじてる》（大石　八王子城主　母瑞渓寺殿）
- 氏邦《うじくに》（藤田　鉢形城主　母瑞渓寺殿）
- 氏規《うじのり》（三崎城主　母瑞渓寺殿）
- 景虎《かげとら》（初、北条宗哲養子　後、上杉輝虎養子　母遠山康光室妹）
- 氏忠《うじただ》（佐野　唐沢山城主　実北条時尭男カ）
- 氏光《うじみつ》（小机城主　実北条氏尭男カ）
- 早川殿《はやかわどの》（蔵春院殿）（今川氏真室　母瑞渓院殿）
- 新光院殿《しんこういんでん》（北条氏繁室）
- 種徳寺殿（小笠原親胤室）
- 千葉《ちば》親胤《ちかたね》室（高林院殿カ）
- 長林院《ちょうりんいん》（太田氏資室）
- 浄光院殿《じょうこういんでん》（古河公方　足利義氏室　母瑞渓院殿）
- 桂林院殿《けいりんいんでん》（武田勝頼室）
- 円妙院殿
- 法性院《ほっしょういん》（太田康資室　実遠山綱景娘）
- 靏松院殿（吉良氏朝室　実北条宗哲娘）

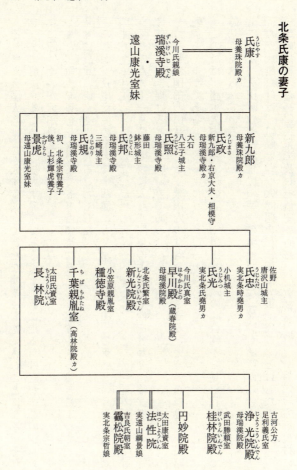

それゆえ戦国大名は、拡大することで新たな問題点も抱《かか》え込むことになる。それを一気に解決するために、拡大限界点である天下制覇に走るわけだが、このジレンマに陥ったのが武田信玄である。

また、領土を獲得しないまでも、占領地に駐屯し、略奪や刈り働きによって、一時的に農兵に飢えを凌《しの》がせることもした。

これが、長尾景虎《かげとら》の最大で十四回にも及ぶ「関東越山《えつざん》」の実態という説もある。つまり二毛作《にもうさく》のできない越後では、端境期《はざかいき》に農家の次三男が飢え死にしてしまう。そのため十一月頃に関東に入り、関東の占領地で飯を食わせた後、翌春の三月に越後に引き揚げるという戦い方である。

つまり自国内の口減らしと、敵国内の食料を枯渇させるという一石二鳥の「侵略戦争モデル」である。

この説は、藤木久志氏の一連の著作や黒田基樹氏の『百姓から見た戦国大名』で詳しく述べられている。

これが、武田晴信や長尾景虎の戦争の実態だった（異論もあるが）。

だが氏康だけは、飢饉という大問題を、領国拡大策で凌ごうとはしなかった。

氏康は様々な救恤《きゅうじゅつ》策で農民を飢えから救い、欠落逃散《ちょうさん》した農民たちを農村に還住させようと努力した。

その救恤策は多岐《たき》に及び、それはそれで興味深いのだが、本書では割愛させていただく。

▲

武田信玄と上杉謙信の陰に隠れ、世間一般には、さほどの名君・名将と認識されていない北条氏康だが、その事績を見れば、氏康が戦国期を代表する名君だと分かるはずだ。

氏康の代表的な事績を挙げると以下のようになる。

・検地と所領役帳による諸役賦課の平等な負担
・目安箱《めやすばこ》の設置による民衆の声の吸い上げ
・評定衆《ひょうじょう》と奉行人による民主的政治運営
・惣構《そうがまえ》に囲まれた城郭都市の構築
・民衆も避難させることのできる拠点城の構築

・支城主と郡代によるシステマチックな分国統治
・支城ネットワークによる防衛網の構築
・撰銭《えりぜに》禁止令による貨幣政策
・陸運（問屋制・伝馬《てんま》制）の充実と河川舟運の整備と掌握《しょうあく》
・職人の地位向上策と支配体制への組み入れ
・納法や枡《ます》の統一
・水軍と水軍城の強化による商業船の航行の安全確保

これらには氏綱期からの継続的施策もあるが、それを完成させたのは氏康であり、その為政者《いせいしゃ》としての手腕には、並々ならぬものがある。

それでは氏康とは、いかなる人物だったのか。

端的に言ってしまえば、氏康は、人格面で信長や謙信との共通点が多い。

何事にも積極的に取り組み、自律的に問題を解決していく。さらに宗瑞《そうずい》以上のカリスマ的リーダーシップによって、家臣や寄子国衆を合戦に駆り立てる求心力もある。また、問題が発生しても瞬時に対応し、芽のうちに摘《つ》み取る。さらに決断力・行動力・突進力がある。

それだけでなく、信長の短所である独断専行、自信過剰、功利的、短気、頑固、猜疑心《さいぎしん》過剰な面、謙信の短所である気まぐれ、思いつき、せっかち、負けず嫌い、神仏頼み過剰な面などは適度に抑制《よくせい》されている。

長所と背中合わせの、こうした短所を克服したところが氏康の真骨頂《しんこっちょう》であり、そこに成功の秘訣《ひけつ》があったのだ。

氏康こそ戦国期を代表する大名であり、政治と軍事の両面で理想的なリーダーなのだ。

第八章

三国同盟

かる。

天文《てんぶん》十九年（一五五〇）、飢饉《ききん》対策も一段落し、氏康《うじやす》は再び上州《じょうしゅう》の経略に取り掛
十一月、氏康は山内《やまのうち》上杉憲政《のりまさ》の本拠・平井《ひらい》城に攻め寄せるが、落城には至ら
ず、いったん兵を引いている。飢饉の後遺症で、兵站《へいたん》補給がままならなかったのか
もしれない。

約一年後の天文二十年（一五五一）十二月、氏康は、古河公方《こがくぼう》足利晴氏《はるうじ》との間で
起請文《きしょうもん》を交わした。互いに粗略に扱わないといった内容だが、約五年ぶりに両家
の音信が回復したことになる。

河越《かわごえ》合戦以来、晴氏を放置していた氏康だったが、天文十七年（一五四八）、晴
氏が公方家重臣・簗田《やなだ》高助の娘から生まれた長男の藤氏《ふじうじ》を元服《げんぷく》させ、後継者に据え
たことに危機感を抱《いだ》いた。

それゆえ晴氏の正室にして氏康の妹・芳春院《ほうしゅんいん》殿から生まれた晴氏の末子《ばっし》・義氏《よしうじ》
を保護した上で、晴氏と起請文を交わしたのだ。

この保護と和睦《わぼく》は、晴氏による義氏謀殺を未然に防ぎ、先々、義氏を晴氏の後継
に据えることを意味している。

われわれの感覚からすれば、さっさと晴氏から実権を取り上げ、義氏を後継に据

北条氏と古河・小弓公方家との関係

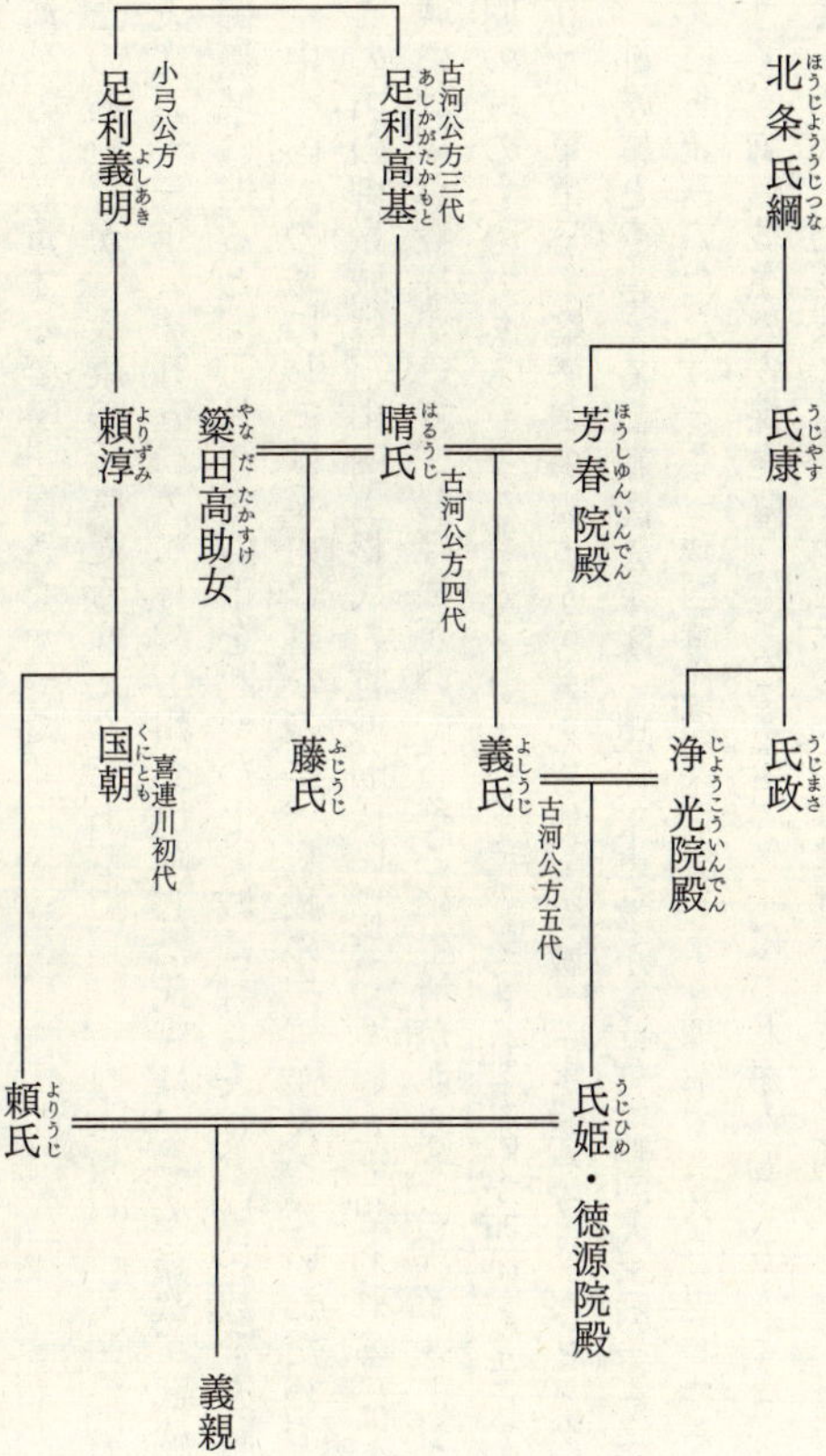

えてしまえばよいと思うのだが、筋を通すことにこだわる氏康としては、あくまで古河公方を尊重する姿勢を崩さなかった。

このあたりが、氏康の氏康たるゆえんである。

天文二十一年（一五五二）二月、上州へ出陣した氏康は、その途次、武蔵《むさし》国北端の御嶽《みたけ》城に迫ると、三月、水の手を断った上で城に討ち入り、城兵数千を討ち取った。中小国人《こくじん》の城にしては兵力豊富なのは、憲政の援軍が入っていたためである。

この頃の御嶽城は、山内上杉氏の番城的扱いになっていたと思われる。

城には、お殿様がいて、お姫様がいて、そこに生活があるというイメージは、江戸期の城のものである。そうしたイメージを覆してくれるのが西股総生《にしまたふさお》氏の『「城取り」の軍事学　築城者の視点から考える戦国の城』（学研パブリッシング）である。姉妹編とも言える『戦国の軍隊　現代軍事学から見た戦国大名の軍勢』（同）と共にお読みいただけると、戦国時代の実相が、より理解できると思われる。

さて、御嶽城主の安保全隆《あぼぜんりゅう》（泰広《やすひろ》）・泰忠《やすただ》父子は、わずか四、五人となった配下と共に降伏した。城に籠っていた兵の大半は逃げてしまったのだろう。

この時、御嶽城には憲政の嫡男《ちゃくなん》・竜若丸《たつわかまる》がいた。険阻《けんそ》な山城なので、一時的に避難していたか、憲政から山内上杉氏の援軍を託されて入城していたと思われる。

竜若丸は、実名が伝わらないことから元服前《げんぷく》と思われるが、軍記物にあるように幼いはずがなく、十三歳以上だったのではないだろうか。

この時、竜若丸の乳母《うば》の夫である妻鹿田《めがた》新助らは、竜若丸を差し出すことで氏康に許しを請うたが、氏康はその卑怯《ひきょう》と不忠を許さず、処刑している。

こうした場合、敵方の離反を促すためにも妻鹿田らを厚遇するのが常道《じょうどう》だが、氏康は、こうした浅ましい行為を許さない。

また捕虜となった竜若丸自身も、二年後、小田原《おだわら》で斬られることになる。氏康の人格を考える上で、この二年という歳月が重要である。氏康は竜若丸を出家させるなどして、その生き延びる道を模索していたのではないだろうか。しかしそれも叶わず、脱走計画が露見するなどして処刑せざるを得なかった、というのが真相のような気がする。

私は、何でもかんでも氏康を擁護する気はないが、そう考えないと、この二年の説明がつかないのだ。

話は戻るが、御嶽落城を聞き知った西上野国衆《こうずけくにしゅう》は、相次いで氏康に服属してきた。そのため平井城は孤立し、遂に憲政の馬廻衆《うままわり》までもが、「乱行無道」を理由に憲政を城から追い出し、降伏を申し入れてきた。

憲政は上野・下野《しもつけ》の国衆（横瀬《よこせ》、足利長尾、白井《しろい》長尾）を頼ろうとするが、いずれからも拒絶され、越後《えちご》に逃れざるを得なくなる。

越後には、室町秩序を重んじることにかけては、人後に落ちない長尾景虎《かげとら》（後の上杉謙信）がいるからだ。

これにより、新たな戦乱の構図が形作られていくことになる。

▲

旧体制の最後の砦《とりで》である関東管領《かんれい》・山内上杉憲政を没落させた氏康は、平井城に弟の氏堯《うじたか》を入れ、叔父の幻庵宗哲《げんあんそうてつ》に後見させた。

一方、憲政から山内上杉氏の名跡《みようせき》を譲ってもらった長尾景虎は、天文二十一年、後奈良天皇より「従五位下《じゆごいげ》弾正少弼《だんじようしようひつ》」の官位を賜《たまわ》り、初の関東越山《えつざん》を行う。二十三歳の時である。

七月から十月頃まで、憲政を伴って関東に在陣した景虎のおかげで、氏康の北関東制圧は思うに任せず、新田金山《にったかなやま》城の横瀬成繁《なりしげ》、厩橋《まやばし》城の長野賢忠《けんちゆう》、桐生《きりゆう》城の佐野直綱《なおつな》、足利城の長尾当長《まさなが》、唐沢山《からさわやま》城の佐野豊綱《とよつな》らが山内上杉陣営に帰参するか、踏みとどまった。

九月上旬、景虎に対抗すべく氏康も上州に出陣し、横瀬成繁や佐野豊綱に攻められていた館林《たてばやし》城の赤井文六《ぶんろく》（実名は照景《てるかげ》か）を後詰《ごづめ》した。

しかしこの時、両雄の直接対決はなく、年末までに双方は兵を引いている。

この年の暮れ、古河公方足利晴氏は嫡男の藤氏を廃嫡《はいちゃく》し、葛西《かさい》城にいる末子の義氏に家督を譲った。義氏の外叔父である氏康の圧力に屈したのだ。

晴氏は「御当家相続の儀、相違あるべからざるの状、くだんのごとし」と書いた御判御教書《ごはんみぎょうしょ》を差し出すことを強要された。

氏康に古河城を接収された晴氏・藤氏父子は葛西城に移され、以後、氏康の監視下に置かれる。

天文二十二年（一五五三）四月、前年に死去した真里谷《まりやつ》武田信応《のぶまさ》の遺領を接収した氏康は、そこを拠点として房総半島制圧に取り掛かった。

北関東方面への進出がうまくいかないこともあり、目先を変えたと思われる。

四月、里見氏傘下《さんか》の国衆・内房正木《まさき》氏を調略《ちょうりゃく》によって味方に付けた氏康は、天文十五年（一五四六）九月、かつて落城寸前にまで追い込んだ佐貫《さぬき》城を再び攻めている。

これは本格的な城攻めとなったらしく、里見義堯《よしたか》は本拠にしていた佐貫城を放棄し、久留里《くるり》城まで後退した。

一方、天文二十三年（一五五四）七月、軟禁されていた葛西城を脱出した公方父子は古河城に入り、下野小山《おやま》城（祇園《ぎおん》城）の小山氏と下総守谷《もりや》城の相馬《そうま》氏の支援を受け、氏康に反旗を翻《ひるがえ》した。

ところが氏康は、公方御一家衆の簗田、野田、一色《いっしき》氏らを説得し、自陣営に踏みとどまらせた。とくに野田氏は、すでに北条家の忠実な傘下国衆となっており、率先して古河城を攻め、十一月に公方父子を降伏させた。

御一家衆にも見捨てられた公方父子に、この時、小山・相馬両氏もさしたる支援をしなかったようである。

晴氏は相模国の秦野《はだの》に幽閉され（藤氏は逃亡ないしは追放）、以後、実権を完全に取り上げられる。

晴氏は後に毒殺されたとも伝えられるが、この時代の常で風聞にすぎず、病死と考えるのが妥当だろう。すでに力を失った晴氏を、氏康が殺す必要はないからだ。

新たな古河公方には、氏康外甥《がいせい》の義氏が就いた。

二十三年余の長きにわたった天文年間も、二十四年の十月二十二日をもって終了する。

△

天文年間の最後を飾る事件は、甲相駿《こうそうすん》三国同盟の成立だろう。

本書では、北条氏の動きを追うことが中心となっているので、天文年間の武田晴《はる》信《のぶ》の動きは簡単に記しておく。

武田晴信の活動が活発になるのは、天文十一年（一五四二）からである。

この年、高遠頼継《たかとおよりつぐ》と手を組んで諏訪頼重《すわよりしげ》を滅ぼした晴信は、信濃《しなの》国の諏訪郡を制し、翌天文十二年（一五四三）には小県《ちいさがた》郡の大井貞隆《さだたか》を没落させ、信濃侵攻を本格化させる。

天文十三年（一五四四）、晴信は、伊那《いな》郡の高遠頼継や藤沢頼親《よりちか》を滅ぼして伊奈谷の北部を制し、天文十六年（一五四七）には小田井原《おたいはら》まで進出してきた山内上杉勢を破り、憲政の後詰を待っていた佐久郡志賀《しが》城の笠原清繁《きよしげ》を攻め滅ぼした。

天文十七年（一五四八）、上田原《うえだはら》合戦で埴科《はにしな》郡葛尾《かつらお》城主の村上義清《よしきよ》に敗れた晴信だったが、同年の塩尻峠合戦で小笠原《おがさわら》長時を破って退勢を挽回《ばんかい》すると、天文二十一年、小笠原長時を村上義清の許《もと》に追い、翌天文二十二年四月、義清を葛尾城から落去させた。義清は八月まで塩田城で抵抗したものの、ほどなくして越後に逃れた。

これにより関東から落ちてきた上杉憲政と、信濃から逃れてきた村上義清ら北信濃国衆の救援要請に応える形で、以後、長尾景虎は二方面作戦を強いられることになる。

そして天文二十二年九月、第一次川中島合戦が勃発《ぼっぱつ》する。この戦いは、村上義清の要請を受けた景虎が、武田方の城を攻撃することで始まり、攻城と放火による小競り合いが展開された。しかし晴信が決戦を避けたので、景虎は撤退を余儀なくされた。

結果的には、武田方の荒砥《あらと》城と虚空蔵山《こくぞうさん》城を攻略した景虎が、晴信の侵攻を押しとどめた格好になった。

今川義元《よしもと》の動きも簡単に記しておく。

三河《みかわ》国への侵攻を図っていた義元は、天文十七年、第二次小豆坂《あずきさか》の戦いで、尾張《おわり》の織田信秀《のぶひで》を撃破し、織田勢力を三河から駆逐《くちく》、翌天文十八年（一五四九）には、西三河を制していた松平広忠《ひろただ》の死によって、その領国を平和裏に収公した。この広忠の息子が、この頃、駿府《すんぷ》で人質になっていた徳川家康である。

▲

かくして天文二十三年（一五五四）、信濃国から越後制覇を目指す晴信と、関東領有を目指す氏康の間に利害的対立はなくなり、さらに西進策を取っていた今川義元も交え、三国同盟が締結される。

この同盟の特徴としては、三国間の婚姻による同盟の補強が挙げられる。すなわち、晴信が嫡男義信《よしのぶ》に今川義元の娘を迎え、義元が嫡男氏真《うじざね》に氏康の娘を迎え、氏康が嫡男氏政《うじまさ》に晴信の娘を迎えることで、同盟を補強したのだ。三者間に適齢の子供たちがいたことも幸いした。

さらにこの同盟は、単なる停戦協定の延長上にある国境不可侵《ふかしん》盟約のようなものではなく、互いに援軍を送り合う積極的な攻守同盟だった。

三国同盟が締結される場合、まず三者の力関係がほぼ対等であること、三者の利害が一致すること、三者の戦略方針が矛盾しないこと、さらに言えば、三国の当主が互いに手腕を認め合っていること、といった諸点が重要だが、この場合、奇跡的にそれらの条件が合致していたのだ。

二国だと破綻《はたん》しやすい同盟も、三国だと破綻しにくいという利点もある。

それは、勝手に一国が離脱すると、自らと同等の国力を持つ二国と敵対関係になるため、その国の立場が一気に不利となり、容易には離脱に踏み切れないのだ。

しかし、いずれか一国が衰退すれば、このバランスは崩れ、三国同盟も破綻の危機を迎える。

永禄《えいろく》三年（一五六〇）五月、桶狭間《おけはざま》合戦で義元を失った今川家が衰勢に陥り、甲相駿三国同盟にも陰りが見られ始めた。そして永禄十一年（一五六八）十二月、今川領併呑《へいどん》を目指して駿河《するが》に押し入った晴信によって、遂に三国同盟は破綻する。

それでも十五年の長きにわたり（甲相駿三国の停戦からは二十三年余）、戦国時代を代表する三人の大名が手を組んだこの三国同盟は、戦国の世に希有《けう》な成功例となった。

話を戻すが、三国同盟締結時、最も難航したのが北条―今川間だった。氏康は尾張の織田信秀への書状において、「近年、一和を遂げ候といえども、かの国（駿河）より疑心止《とど》まりなく候間《そうろう》、迷惑候」と困惑をあらわにしている。

一方の義元も、河東《かとう》一乱で九年にわたり戦った北条氏に信を置いていなかった。

北条・今川・武田三家の関係図

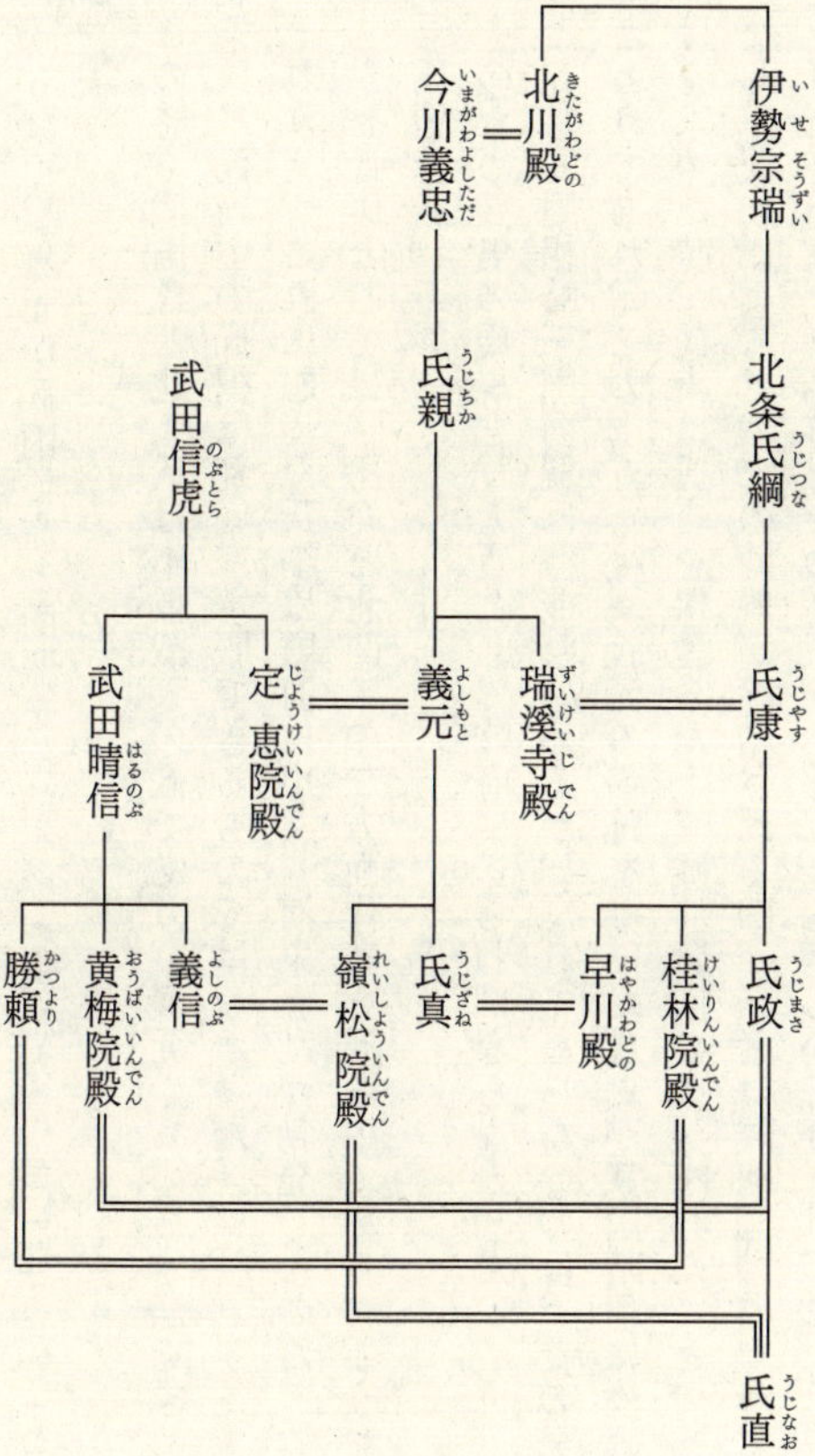

しかし河東一乱というのは、天文六年（一五三七）、同盟している北条氏に何の相談もなく、義元が武田信虎と同盟を締結し、その娘を正室に迎えたことに始まる。

この時、武田氏と北条氏は不倶戴天《ふぐたいてん》の敵であり、義元から事後承諾を求められた北条氏二代当主の氏綱は到底、承服できるものではなかった。

それゆえ、これに怒った氏綱は駿河に出兵、河東一乱が勃発したのだ。

しかし氏康としては、房総と北関東の二方面作戦を展開中であり、どうしても義元と同盟を結びたい。

そのため五男の氏規《うじのり》を、人質として駿府に送らねばならなかった。

こうして甲相駿三国同盟は機能し始めるが、忘れてならないのは、その発足の経緯がどうであれ、この十五年後、義元の名跡を継いだ氏真が武田晴信に攻められ、助けを求めた時、氏康は氏真を保護した上、駿河奪回の支援をしたことである。

なお軍記物によると、この同盟が締結される際、三者は駿河国の善得寺《ぜんとくじ》で面談したとされ、それゆえ「善得寺の会盟」と呼ばれる。しかし今では、これは史実として否定されている。

またこの三国同盟は、義元の軍師である太原雪斎《たいげんせっさい》が周旋《しゅうせん》したというのが定説になっているが、それもまた史料の裏付けがあるわけではない。しかし、これだけ重大な同盟の場合、誰かフィクサー的人物が必要なことも確かで、状況的に、太原雪斎が主導したと考えてもいいのではないだろうか。

▲

弘治《こうじ》年間（一五五五～一五五八）は、改元時期の関係で、期間としては二年半ほどしかなく、氏康にも、さしたる動きは見られない。

一方、晴信と景虎は、弘治元年とその二年後の弘治三年（一五五七）に、第二次と三次の川中島合戦を戦っている。

この間、氏康は調略を専らとし、桐生佐野・横瀬・足利長尾の三氏を傘下に引き入れている。彼らは、古河公方晴氏・藤氏父子の反乱が鎮定されたことで、北条氏への抵抗が無駄と覚ったのだ。

続いて氏康は、惣社《そうじゃ》長尾景総《かげふさ》、白井長尾憲景《のりかげ》を従属させ、上州最北端の沼田城の沼田氏の内訌《ないこう》に介入し、後継者の不在により、沼田氏の領国と城を乗っ取ることに成功した。

沼田城主には、玉縄《たまなわ》城主・北条綱成《つなしげ》次男の康元《やすもと》が据えられた。敵国越後との境目にあたる三国《みくに》峠に近い沼田の地には、どうしても御一家衆を入れたかったのだろう。

永禄二年（一五五九）には、上州に残された最後の国衆である吾妻《あがつま》郡岩下《いわした》城の斎《さい》藤《とう》氏をも服属させ、上州制圧作戦が一応の完了を見た。

また内政面では、同年二月、家臣団の普請役《ふしんやく》・軍役・出銭《しゅっせん》（供出金）等の賦課《ふか》状況を把握するため、個々の家臣の知《ち》行高《ぎょうだか》をまとめた帳簿を作成させた。これが「小田原衆所領役帳」、一般的には「北条家所領役帳」と呼ばれるものである。これにより、家臣たちに貫高《かんだか》を基準にした軍役・普請役が割り当てられ、氏康は、安定的に兵力動員できるようになった。

こうした数値に基づいた平等性がいかに大切かを、氏康は経験から学んでいたに違いない。

かくして山内上杉氏領国である上野国を手中にし、内政面でも名君の名に恥じない仕事を成し遂げた氏康は、同年十二月、家督を嫡男氏政に譲って隠居する。

この隠居には、永禄元年から三年にかけて領国内に蔓延《まんえん》していた飢饉と疫病に、効果的な対応策を打てなかったことを領民に詫びるべく、自ら責任を取るという意味があった。

実に潔い身の処し方である。

人は誰しも、自らに過ちがあっても他責《たせき》にし、自責で考えようとはしない。とくに天候異変による飢饉など、「知ったことか」とうそぶきたいはずである。しかし氏康は、あえて自ら身を引くことで家臣たちに範《はん》を示した。

永禄三年二月、当主となった氏政は、新体制をアピールするかのごとく、領国内に徳政令を発する。

氏政は二十二歳で、当主としては十分な年齢に達していたが、氏康もいまだ四十五歳であり、体調も万全である。

それゆえ隠居したとはいえ、氏康は自らの権限を徐々に氏政に譲る形を取り、最終的には、死の半年ほど前まで最終決定権を握り続けた。

結局、その死まで氏康は「御本城《ごほんじょう》様」と呼ばれ、氏政と共に「小田原二御屋形」と呼ばれる二元的な体制を続けていく。

この体制は極めてうまく機能し、北条氏の領国は拡大の一途をたどる。

かくして北条氏は全盛期を迎えた。

△

永禄三年八月、再び長尾景虎が関東に侵攻してきた。

九月五日に沼田城を落城に追い込んだ景虎は、吾妻郡の明間《あけま》・岩下両城を自落に追い込むと、白井城の白井長尾憲景、惣社城の惣社長尾景総、箕輪《みのわ》城の長野業政《なりまさ》を相次いで北条方から離反させた。

瞬《また》く間に上州を席巻《せっけん》した景虎は、服属してきた上州国衆を先手に押し立て、十二月には、頑として傘下入りしなかった那波宗俊《なわむねとし》の赤石《あかいし》城を落城に追い込んだ。

その後、景虎は服属してきた厩橋長野氏と大胡《おおご》氏を謀叛の疑いで殺すと（彼らの謀叛に根拠はない）、彼らの所領を直轄領とした（那波領は横瀬氏に下賜《かし》）。以後、厩橋城が景虎の関東での策源地となる。

永禄三年中に上州のほとんどは景虎の支配下に置かれ、北条方国衆は、館林城の赤井文六を残すのみとなった。

実はこの頃、氏康と北条主力勢は房総半島に出陣し、里見義堯の本拠・久留里城を包囲攻撃しており、すぐに対応できない。

それでも九月末、河越城まで進出した氏康だったが、利根川を渡らず、景虎との直接対決を避けたため、見捨てられたと思った上州国衆は、景虎の旗下《きか》に参じたのである。

厩橋城で永禄四年（一五六一）の新年を迎えた景虎は二月、南下を開始した。目指すは小田原である。この勢いに恐れをなした関東各地の国衆は、こぞって景虎の膝下《しっか》にひれ伏したので、景虎麾下《きか》の兵力は十万余に及んだ。

そのため、これに抗すべくもない氏康は小田原まで兵を引き、籠城戦に徹することにした。

北条氏に忠節を尽くしたのは、上野の赤井氏、武蔵の上田氏、下野の那須《なす》氏、下総《しもうさ》の結城《ゆうき》・千葉・臼井《うすい》・原氏、上総《かずさ》の土気《とけ》酒井《さかい》氏、常陸《ひたち》の大掾《だいじょう》氏だけである。

尤《もっと》も、赤井・上田・千葉・原氏を除けば、結城氏や那須氏の忠誠度は低く、単に様子見しているだけだった。

いずれにせよ氏康に、生涯最大の危機が迫っていた。

しかし氏康には、甲相駿三国同盟がある。

早速、氏康は晴信に牽制《けんせい》を依頼すると同時に、前年、義元を失ったばかりの今川家からも援軍を派遣してもらい、景虎の猛攻を凌《しの》ごうとした。

武田・今川両勢が、小田原救援のために本拠を出陣したという報を受けた景虎は、七日から十日ほど小田原を包囲しただけで撤退を始め、その帰途、鎌倉鶴岡《つるがおか》八幡宮《はちまんぐう》に寄り、山内上杉氏の家督相続の儀を行い、憲政からその名跡と一字をもらった。

これにより長尾景虎は上杉政虎《まさとら》となった。

本書では景虎、政虎、輝虎《てるとら》、そして謙信と呼び分けることにする。なぜかと言えば、謙信という名には、何がしかの固定イメージが伴っており、若き日の姿を想起し難いからである。

これ以後、続いていく上杉氏と北条氏の戦いは、大義名分上は、どちらが関東管領かという正統性をめぐる戦いと化していく。

政虎の関東仕置《しおき》は古河公方義氏を廃し、藤氏を擁立して古河城に入れることから始まった。同時に養父の憲政と、前関白の近衛前久《このえさきひさ》(前嗣《さきつぐ》)も古河城に置き、彼らに関東の政治秩序の回復を任せた。

こうした体制を布けば、政虎は、関東に静謐《せいひつ》が訪れると思っていたのかもしれない。確かに前関東管領と前関白が公方を支えれば、その権威に関東国衆はひれ伏し、彼らを盛り立てていくと思うのも無理はない。

ところが、人が権威にひれ伏す時代がとうに過ぎていたことに、政虎は気づかなかった。

政虎の時代感覚のずれは、この後も随所に顔を出していくことになる。

第九章

関東三国志

『異本小田原記《おだわらき》』などの軍記物の記述だが、永禄《えいろく》四年（一五六一）四月、上杉政虎《まさとら》が関東から撤兵した理由について、面白いエピソードを載せている。

鎌倉の鶴岡八幡宮《つるがおかはちまんぐう》での出来事だが、社殿で関東管領《かんれい》の拝命を受けた政虎が、馬に乗って段葛《だんかづら》を進んでいくと、左右に居並んだ配下の者ども（この場合は参陣諸将）は下馬して、政虎に敬意を表した。

段葛とは鶴岡八幡宮の参道のことで、若宮大路《わかみやおおじ》の中央に盛り土がされ、一段高くなっている。

関東管領を拝命した者は、段葛を通って、左右に侍《はべ》る関東諸侯《しょこう》の拝礼を受ける仕《し》来《きた》りとなっていた。

しかし、武蔵《むさし》国北部の忍《おし》を本拠とする成田氏だけは、十一世紀初頭に勃発《ぼっぱつ》した前九年合戦の折に功を挙げたことにより、当時の源氏の棟梁《とうりよう》である源頼義《よりよし》・義家《よしいえ》父子から、主と同時に下馬すればよいとされていた。

この慣例は有名な話だったらしく、当然、政虎も心得ていると思った成田家当主の長泰《ながやす》は、この日も馬に乗ったまま行列を眺めていた。

ところが、これを見た政虎は怒り狂い、祚者《かせもの》（最下級の武士）に命じ、長泰を馬から引きずりおろし、烏帽子《えぼし》を打ち落として踏みつけるという暴挙に出る。

長尾氏略系図

桓武《かんむ》天皇—葛原《かずらわら》親王—高見《たかみ》王—高望《たかもち》王

- 平国香《くにか》
- 平良文《よしぶみ》—忠通—景村（長尾氏を称す）—（五代）—景為《かげため》（上杉氏執事）
  - 景忠《かげただ》（白井長尾氏祖）
  - 景恒《かげつね》（越後長尾氏祖）
    - 高景《たかかげ》（三条長尾氏祖）
      - 邦景《くにかげ》—実景《さねかげ》
      - 景房《かげふさ》—頼景《よりかげ》—重景《しげかげ》—能景《よしかげ》—為景《ためかげ》
        - 為景＝青岩院《しょうがんいん》（虎御前）
          - 晴景《はるかげ》（家督を弟景虎に譲る）
          - 景虎《かげとら》（政虎・輝虎・謙信）
          - 仙桃院《せんとういん》（仙洞院）
    - 長景《ながかげ》（上田長尾氏）—（四代）—房長《ふさなが》—政景《まさかげ》
      - 政景＝仙桃院
        - 顕景《あきかげ》（景勝）
        - 女＝景虎（北条氏康七男・三郎・御館の乱で滅亡）
          - 道満丸《どうまん》
    - 景春《かげはる》—宗景—○—四郎左衛門尉（古志長尾氏）—孝景《たかかげ》—房景《ふさかげ》—景信《かげのぶ》（御館の乱で滅亡）

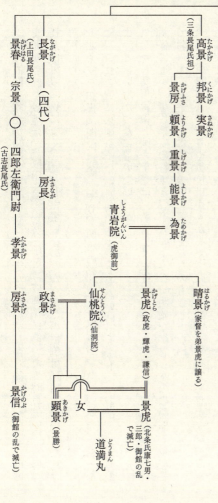

この慣例を政虎が知っていたかどうかは定かでない。しかし後に人からこの慣例を聞かされた政虎は、「成田氏が頼義父子と縁戚関係にあった当時と違い、政虎と長泰は縁戚関係になく、歴とした主従なのだから、この慣例は通用しない」という解釈だった。

北条家を相模《さがみ》国西部に追いやり、関東の覇権を奪取したつもりの政虎にとっては、これを機に東国全土に絶対的権威を確立したい時でもあり、「お前、空気読めよ」と言いたかったに違いない。

しかし関東管領と国人土豪《こくじんどごう》は、名目上は主従であっても、実質的には寄親寄子《よりおやよりこ》の関係に近い。鎌倉幕府の将軍と御家人のような、明確な御恩と奉公の関係も築かれておらず、長泰が己に都合のいい解釈をしたのも致し方ない。

むろん双方共に誇りや気位ばかりが高く、政治的配慮や将来的発想がなかったのも事実である。

いずれにせよ、この屈辱に耐えきれず、翌日、長泰は約一千騎の配下を率いて陣払いしてしまった。

これを見た諸将の間にも「政虎にはついていけぬ」という空気が広がり、多くが本国に帰っていった。

つまり政虎は、大切な第一印象で失点を犯してしまい、関東諸侯の信望を失ったことになる。そのため往路は十万だった軍勢も、帰路は二万になっていたという。尤《もっと》も成田長泰の事件はきっかけにすぎず、ここに至るまで諸将は、政虎のみならず越後《えちご》国衆からも、ぞんざいな扱いを受けていたのだろう。

また、鎌倉は農業生産地ではないため、食料が枯渇《こかつ》し、将兵から不満が出始めていたとも考えられる。

最新の定説では、この事件の背景には、武蔵国羽生《はにゅう》領の領有をめぐって政虎と長泰との間で意見の相違があり、それが元になって仲違《なかたが》いしたというものもある。

いずれにせよ、鎌倉から上州《じょうしゅう》まで兵を引いた政虎は、厩橋《まやばし》城で今後の関東仕置《しおき》の方針を定めた後、五月になって越後に帰国した。

これを見た氏康は同月、反撃の狼煙《のろし》を上げるべく、まず箱根権現《ごんげん》に勝利の祈禱《きとう》を依頼した。ところが別当《べっとう》の融山《ゆうざん》からは、意外な意見が返ってきた。

領国内の百姓の多くが退転し（耕地を放棄し流民《るみん》となること）、餓死《がし》寸前となっている今、早急な反撃を慎《つつし》み、「万民《ばんみん》を哀憐《あいりん》し、百姓《ひやくしよう》に礼を尽くす」善政を心がけよと言うのだ。

これに対し、氏康《うじやす》は敢然《かんぜん》と反論した。

氏康は、徳政令を出して北条家の債権《さいけん》を放棄したり、質物《しちもの》となっていた百姓の妻子や下人《げにん》を返還させたりしたことを挙げ、氏康の政道こそ「百姓のための正義」であると主張した。

この時代、こうした民《たみ》を第一に考える政治思想は希有《けう》であり、それを諸施策で実践したことこそ、氏康の為政者《いせいしゃ》としての誇りだったに違いない。

六月初頭、氏康の反撃が始まった。

九月に西武蔵の国人・三田綱定《つなさだ》（綱秀《つなひで》）を滅ぼした氏康は、同じ頃、反旗を翻《ひるがえ》した北武蔵国人の藤田重利《しげとし》（康邦《やすくに》）を降伏に追い込み、藤田氏の勢力を丸ごと取り込んだ。

また、武蔵国守護代《しゅごだい》で西武蔵に強固な地盤を持つ大石定久《さだひさ》は、これ以前に傘下に組み入れている。

これにより、北条氏の武蔵国領有は、太田資正《すけまさ》の岩付《いわつき》領を除いて完了した。

この頃、信濃《しなの》から西上野《こうずけ》に侵攻した武田晴信《はるのぶ》も活発に活動し、上杉方諸城を次々と攻略していた。ちょうど六月、上野国衆のまとめ役であった長野業政《なりまさ》が病没しており、自らの勢力拡大には、うってつけの時期でもあった。

ちなみに晴信は永禄二年（一五五九）に出家し、信玄という法号を名乗っている

武田信玄の妻子

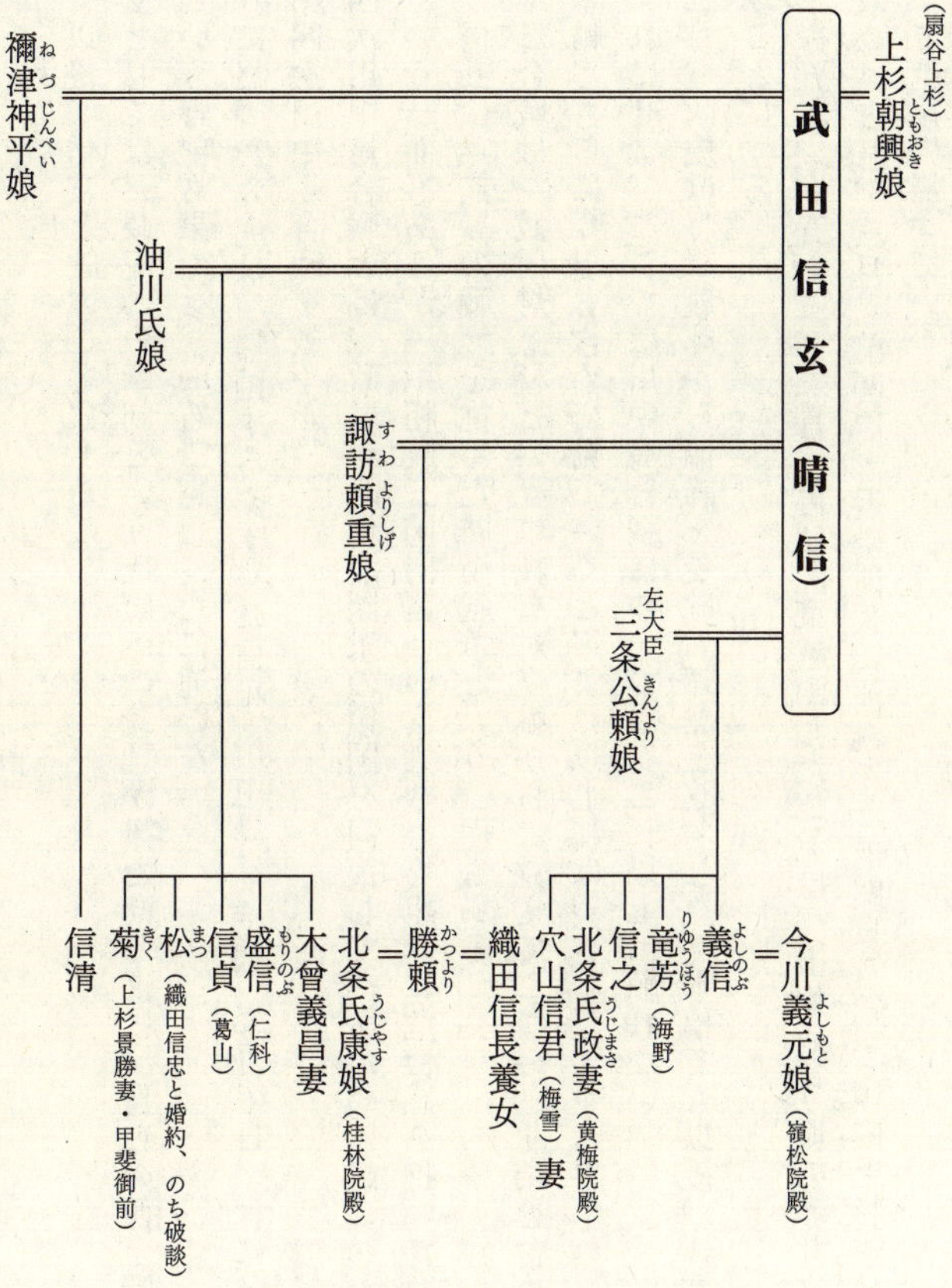
（扇谷上杉）
上杉朝興《ともおき》娘
武田信玄（晴信）
禰津《ねづ》神平《じんぺい》娘
油川氏娘
諏訪《すわ》頼重《よりしげ》娘
左大臣
三条公頼《きんより》娘
今川義元《よしもと》娘（嶺松院殿）
義信《よしのぶ》
竜芳《りゅうほう》（海野）
信之
北条氏政《うじまさ》妻（黄梅院殿）
穴山信君（梅雪）妻
織田信長養女
勝頼《かつより》
北条氏康《うじやす》娘（桂林院殿）
木曾義昌妻
盛信《もりのぶ》（仁科）
信貞（葛山）
松《まつ》（織田信忠と婚約、のち破談）
菊《きく》（上杉景勝妻・甲斐御前）
信清

ので、以後、信玄と呼ぶことにする。

信玄としては、政虎への牽制《けんせい》という氏康への義理が果たせる上に、自らの西上野進出という野望も果たせ、一石二鳥だったに違いない。

これに怒った政虎は、帰国するやすぐに信州《しんしゅう》川中島に進出、九月十日、世に名高い第四次川中島合戦を戦った。

第四次川中島合戦とは、政虎が北信濃国衆の領国を回復してやるために起こした聖戦という一面もあるが、甲相駿《こうそうすん》三国同盟という大きな枠組みに危機感を抱いた政虎が、信玄に「無二の戦」を挑んだ防衛戦争という一面もある。

川中島合戦は、武田対上杉という単純な対立軸からは見えてこない。北条を含めた三者軸、さらに今川も含めて見ていくと、より以上にはっきりしてくる。

いずれにせよ、ここでは川中島合戦については、これ以上は触れない。

十二月、政虎は将軍義輝《よしてる》から偏諱《へんき》を受け、輝虎《てるとら》と改名した。本稿でも以後、輝虎と呼ぶことにする。

翌永禄五年（一五六二）二月、再び関東越山《えつざん》した輝虎は、上州館林《たてばやし》城の赤井文六《ぶんろく》を攻め滅ぼし、三月、前関白・近衛《このえ》前久《さきひさ》（前嗣《さきつぐ》）と前関東管領・山内《やまのうち》上杉憲政《のりまさ》を伴って越後に帰っていった。

謙信越山時の関東の武将の動向（永禄3年・1560）

昨年来、二人は輝虎の権威の代行者として古河《こが》城に置かれていたが、周囲を敵に囲まれて危険な状態となったため、厩橋城まで引かせざるを得なかったのだ。

結局、相次ぐ関東国衆の離反により、輝虎の布いた新体制は一年ともたずに瓦解《がかい》した。

ちなみに輝虎の擁立《ようりつ》した新公方・藤氏《ふじうじ》は、前嗣らと袂《たもと》を分かって安房《あわ》の里見家を頼り、その後も復帰を目指して活動する。しかし最後には、北条方に捕らえられたらしく消息不明となる。

その後、藤氏の弟の藤政《ふじまさ》が、里見氏に担がれて戦いを継続する。

氏康の関東回復作戦は順調に推移していた。

しかし武蔵国の大半を制し、江戸湾交易と関東舟運を握る要衝《ようしょう》・葛西城を奪回したものの、武蔵国中央部の岩付城には、輝虎の小田原攻めに呼応して北条方から離反した太田資正がいた。

資正は前年、輝虎の助力により松山城も回復しており、氏康にとって極めて邪魔な存在となっていた。

松山城には、輝虎によって資正の主筋にあたる憲勝《のりかつ》（扇谷《おうぎがやつ》上杉氏最後の当主・朝定《ともさだ》の弟）が入れられ、岩付太田勢が守備に就いていた。

同年十月、氏康が松山城に攻め掛かると、十一月には信玄も来援し、氏康・氏政父子と初の対面を果たした。

連絡手段が乏《とぼ》しいこの時代、顔を合わせて互いをよく知ることが、信頼関係を築く最良の方法だった。これを同陣と言い、輝虎もこれにこだわった。

やはり、いつの時代も人間関係なのだ。

一方の太田資正は、輝虎に後詰《ごづめ》要請していたが、それがようやく叶ったのは、十二月中旬になってからだった。

越山した輝虎は、自身が赴く前に関東国衆に陣触れを発し、松山城の後詰に向かわせようとしたが、すでに多くの国衆が北条ないしは武田傘下となっており、後詰勢派遣の動きを見せたのは下総《しもうさ》の簗田《やなだ》氏、安房の里見氏、下野《しもつけ》の宇都宮氏、常陸《ひたち》の佐竹氏くらいだった。

これに怒った輝虎は、離反した深谷《ふかや》上杉氏や甘楽《かんら》小幡《おばた》氏などを攻めていたが、これを攻めあぐみ、なかなか松山城の後詰に向かえない。

そんな最中の永禄六年（一五六三）二月四日、松山城が降伏開城した。

致し方なく輝虎は岩付城に入り、松山城の北条・武田連合軍とにらみ合いを続ける。しかし決戦には至らず、上州厩橋城に引くことにした。

その帰途、輝虎は武蔵国北部の騎西《きさい》城を攻略し、小田伊賀守《いがのかみ》を没落させて鬱憤《うっぷん》を晴らすと、三月、佐竹義重《よししげ》と宇都宮広綱《ひろつな》を従えて下野に向かい、祇園《ぎおん》城の小山秀綱《おやまひでつな》を攻撃し、これを降伏させると、佐野昌綱《まさつな》の唐沢山《からさわやま》城を攻め立てた。

この間、氏康は、傘下国衆を後詰することもなく松山城に滞陣していた。病《やまい》となっていたのかもしれないが、定かなことは分からない。

これにより、今度は後詰しない氏康の評判が地に落ち、同盟国の蘆名盛氏《あしなもりうじ》などは、南陸奥《むつ》の白川氏あての書状で、「頼もしからざる」と氏康を非難している。

確かに氏康は、後詰に赴くのが鈍く、かつて那波《なわ》氏や赤井氏を見殺しにし、今回は小山氏や桐生《きりゅう》佐野氏を離反させてしまっている。

敵方の攻撃で危機に陥った傘下国衆を後詰しなければ、それだけで信望を失うのが戦国大名である。

そもそも戦国大名とはフランチャイザー（チェーンストアの本部）、傘下国衆とはフランチャイジー（加盟店）のようなものであり、その関係は江戸時代の武家社会とは全く異なり、「信義」や「恩義」といったものは多少あっても、「忠義」という概念はない。

というのも戦国時代の国衆は、自力で切り取った領土から収入を得ているわけであり、その上位権力から見返りを受けるとすれば、危機に陥った際の救援くらいだからだ。

それぞれの領国経営においても、国衆の方針や意向が優先される。つまり年貢などの収入は国衆のものとなり、国衆は寄親大名の陣触れに応じて、割り当てられた兵力を率いて駆けつけるのが主な義務である。つまり国衆の上位権力となる戦国大名は、危機に陥った国衆を救わねばならないことになる。

後の話になるが、北条氏の滅亡原因については様々に言われている。その遠因の一つとして、本拠を江戸にしなかった点が、よく挙げられる。江戸を本拠にしていれば、利根川、太日《ふとい》川（旧江戸川）、多摩《たま》川、荒川といった河川を使い、関東各地に迅速な後詰勢の派遣ができたはずで、傘下国衆の離反も防げたというのだ。

しかし江戸には、当時、最も利用されていた鎌倉街道上道《かみつみち》が通っておらず、しかも北条氏は、滝山（八王子）、鉢形《はちがた》、松井田《まついだ》という上道を結んだ拠点政策を進めており、その点からすれば、安易に「江戸に都を移さなかった後進性」を批判することはできない。

永禄六年四月、「頼もしからざる」と批判された氏康は、ようやく重い腰を上げ、下野方面に出陣し、小山・結城・宇都宮氏らを瞬《また》く間に切り従えた。すでに輝虎が、越後に戻っていたからである。

兵農分離が進んでいないこの時代、端境《はざかい》期が終わると、戦国大名は兵を農地に返さねばならない。とくに二毛作《にもうさく》のできない気候の越後では、いかなる場合でも働き手を返さないと、女子供が餓死してしまう。そのため輝虎は、一年を通して関東に在陣することができないでいた。

五月に岩付を攻めた氏康は、十二月には佐竹氏の本拠・常陸太田まで十里の距離に迫った。だが輝虎越山の一報が入り、兵を上州方面へと向けざるを得なかった。

十二月、厩橋城に着陣した輝虎は、岩付城の太田資正から兵糧《ひょうろう》の欠乏を訴えられた。しかし厩橋と岩付の間には利根川が横たわっている上、途次に敵地を通ることになり、安全に兵糧を運ぶことは難しい。そこで安房の里見義堯《よしたか》・義弘《よしひろ》父子に総力を挙げて北上し、岩付城に兵糧を入れるよう命じた。

▲

翌永禄七年（一五六四）正月、常陸に進んだ輝虎が南常陸国衆の小田氏治《うじはる》を降すと、里見義弘は下総市川《いちかわ》の国府台城《こうのだい》（市川城）に入った。

江戸城の江戸太田康資《やすすけ》との間に密約を交わしていた里見義弘は、北条方から離反した康資と共に、江戸城と国府台城の中間にある北条方の葛西城を攻めた。

康資の裏切りは、太田家重代の家臣にも知らされていなかったらしく、筆頭家臣の垣岡弾正《かきおかだんじょうのじょう》忠らは、葛西城で防戦に努めている。

いかなる事情があったのかは定かでないが、康資は葛西城に入れていた己の家臣団を攻めるという、何とも愚かなことをやっているのだ。

しかし葛西城は落ちず、里見義弘と太田康資は国府台城に入った。しかも商人と交渉していた兵糧の価格が折り合わず、岩付城に搬入予定の兵糧米が調達できない。それに痺《しび》れを切らした岩付城の太田資正は、遂に国府台城までやってきて里見勢に合流した。

一方、江戸城を発した氏康・氏政父子は、軍勢を二手に分けて国府台城に攻め寄せた。

ここに、第二次国府台合戦が勃発する。

軍記物では一気に勝敗が決したように書かれているが、実際は、里見方が籠城戦を展開したらしく、北条方が城を落としたのは二月中旬になってからだった。

北条方は、里見家重臣の正木時忠《まさきときただ》（勝浦城主）嫡男《ちゃくなん》の平六時成《へいろくときなり》まで討ち取り、結果的には大勝利を収めた。

これにより岩付太田資正と江戸太田康資は、里見義弘に従って安房まで落去せざるを得なくなる。

しかし北条方も、江戸城代の遠山綱景《つなかげ》・隼人祐《はやとのじょう》父子、遠山氏を支えた副将格の富永康景《やすかげ》を討ち取られるという痛手をこうむった。

五月、ようやく資正は本拠の岩付城に戻るが、七月、再起を期して里見方と交渉すべく、城を出たところを嫡男の氏資《うじすけ》に反乱を起こされ、城を乗っ取られるという失態を犯す。

国府台の敗戦により、劣勢を挽回《ばんかい》し難いと思った氏資は、すでに北条方に通じていたのだ。

永禄九年（一五六六）三月、失地挽回を図ろうと、遠く下総まで進撃してきた輝虎は、原胤貞《たねさだ》の臼井《うすい》城に攻め寄せる。ところがここで、籠城衆の頑強な抵抗と北条方の後詰により、死者五千人を出す大敗北を喫した。

臼井城の後詰戦に、北条主力を引き連れて出陣したのは氏政だった。氏康は出馬

北条氏と太田氏の関係

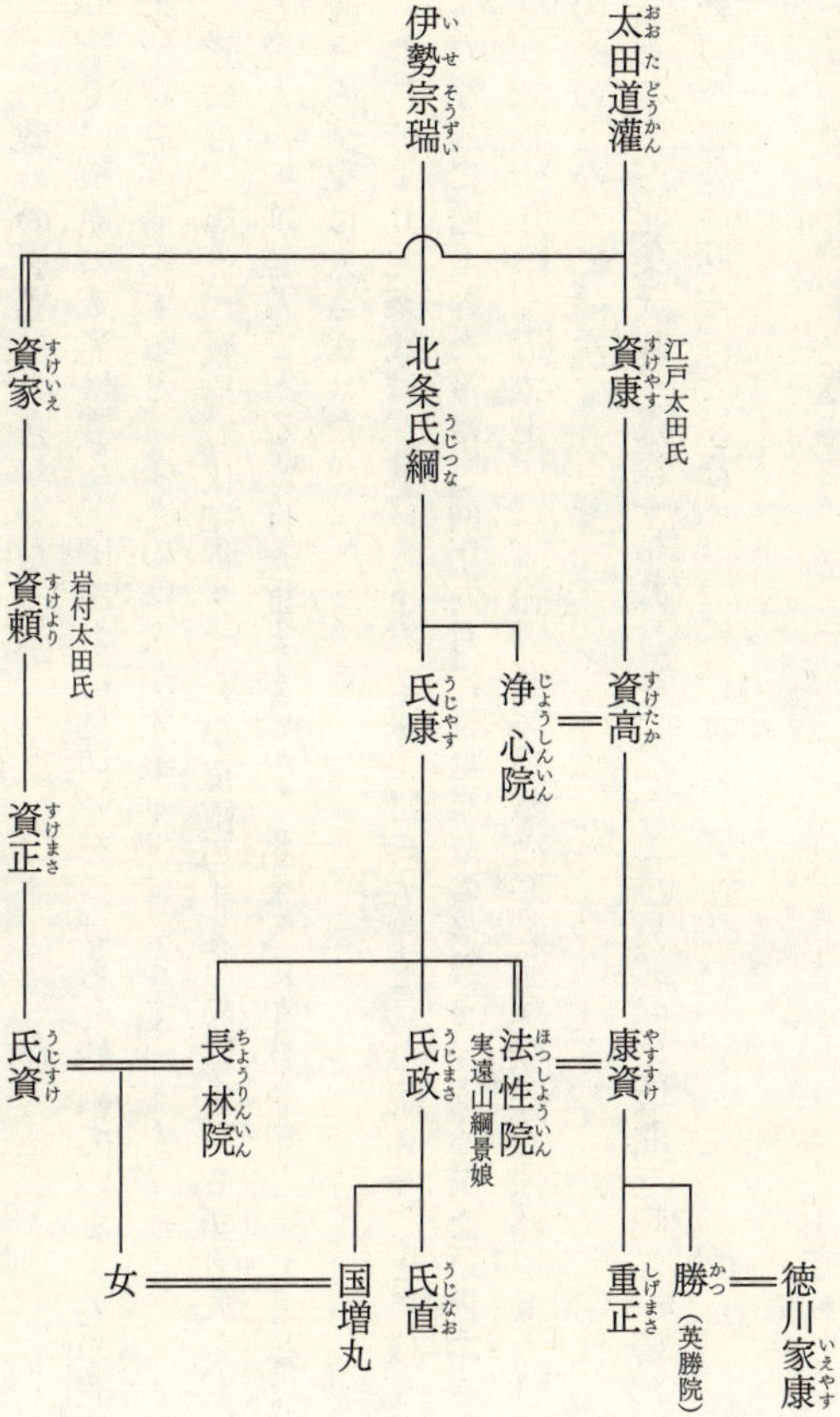

太田道灌《おおたどうかん》
伊勢宗瑞《いせそうずい》
資康《すけやす》
江戸太田氏
北条氏綱《うじつな》
資家《すけいえ》
資頼《すけより》
岩付太田氏
資高《すけたか》
浄心院《じょうしんいん》
氏康《うじやす》
資正《すけまさ》
康資《やすすけ》
法性院《ほっしょういん》
実遠山綱景娘
氏政《うじまさ》
長林院《ちょうりんいん》
氏資《うじすけ》
勝《かつ》
（英勝院）
徳川家康《いえやす》
重正《しげまさ》
氏直《うじなお》
国増丸
女

せず、元亀《げんき》二年（一五七一）の死に至るまで、以後、氏康の出陣は確認できない。

この戦いの影響は大きかった。すでに輝虎の威光は衰え、国衆らに見切りをつけられ始めていた矢先の敗戦である。輝虎が帰国すると、多くの国衆が北条傘下に戻っていった。

遂には、輝虎が厩橋城代に据えていた重臣の北条《きたじょう》高広までもが離反し、関東内で最大の抵抗勢力である佐竹義重までもが、北条氏に和睦を申し入れるほど、この敗戦の衝撃は大きかった。

これにより北条氏は、武蔵・下総・東上野の大半を切り従えることに成功した。

ちなみに西上野だけは、同年九月に長野業政の後継者である業盛《なりもり》（氏業《うじなり》）を滅ぼし、永禄十年（一五六七）に、白井長尾憲景と惣社《そうじゃ》長尾景総《かげふさ》を没落させた武田信玄のものとなっていた。

ところが北条氏も、永禄十年八月に三船台《みふねだい》で里見義弘に敗北を喫し、房総制覇の野望を頓挫《とんざ》させることになる。

▲

氏康の後継の氏政は、戦国大名の当主として十分な資質を有しており、またその弟たち（氏照《うじてる》・氏邦《うじくに》・氏規《うじのり》ら）が優秀だったこともあり、北条氏の躍進に拍車が掛かりつつあった。

永禄二年（一五五九）の名目上の家督《かとく》委譲から六年を経た永禄八年（一五六五）頃、氏康は実質的な家督の委譲に踏み切った。その証拠として、この頃、氏康は「左京大夫《さきようのだいぶ》」の名乗りを氏政に譲り、自らは「相模守《さがみのかみ》」と名乗るようになる。「左京大夫」は二代氏綱以来、北条家当主の任官する官途であり、ここで名実共に、氏康は隠居することになった。

以後、氏康は氏政を背後から支える役割に徹し、「武栄」という新たな印判《いんばん》を使い、北条家の蔵入地《くらいりち》支配、役銭《やくせん》徴収、職人使役などの内政にのみ関与していくことになる。

とは言っても、後の越相同盟締結時などは、一時的に外交面で表に立つこともあったので、あくまで軍事面での権限委譲と思われる。

上杉輝虎勢力を関東から駆逐した北条・武田両氏だったが、永禄十一年（一五六八）十二月、呆気なくその蜜月《みつげつ》は終わりを告げる。

その原因は、武田信玄による今川領への侵攻である。

永禄三年（一五六〇）の桶狭間合戦で当主の義元を討ち取られた今川氏は、後継の氏真《うじざね》が凡庸《ぼんよう》なため、三河《みかわ》の徳川家康に領国を侵食され、このままでは三河のみならず遠江《とおとうみ》さえもが、家康の領有に帰す可能性が大となっていた。

こうした事態に、氏真よりも焦ったのが信玄である。

青苧《あおそ》（衣類の原料になる繊維）の交易により、輝虎が莫大な富を築いていることを知った信玄は、かねてより海のある国への進出を図ろうとしていた。それで勃発したのが、一連の川中島合戦である。

だが、第四次川中島合戦で輝虎の手強《てごわ》さを知った信玄は、北進策が容易でないことを覚った。

このままいけば金山の枯渇によって財政が行き詰まり、戦費に窮した武田氏は衰亡を待つだけとなる。

元々、甲斐《かい》と信濃は山国で耕地面積が少ない上、甲斐は、富士山の火山灰層によって肥沃な土壌とは言い難い。それゆえ甲斐武田氏が、今川や北条に伍していける大国を築けたのは奇跡に近かった。それを成し遂げた原動力が、信玄の軍略と黄金だった。

信玄は永禄八年（一五六五）九月以来、織田信長と同盟を結んでおり（信長の養女が勝頼《かつより》に嫁いでいる）、それがあれば甲相駿三国同盟が破綻《はたん》しても、今川・北条連合とも十分に対抗できると踏んだに違いない。

かくして信玄は駿河侵攻を決断する。

この侵攻作戦は永禄八年頃から計画されていたらしく、今川氏から正室を迎えている嫡男・義信《よしのぶ》が反対し、永禄十年十月に詰め腹《いだ》を切らされている。

義信自害を知った氏真は、にわかに危機感を抱き、自らの妹でもある義信夫人を引き取ると、信玄の南下を防ぐべく輝虎と結んだ。これに応えた輝虎は北信濃に出陣し、武田方国衆の城を攻めている。

しかし雪が降れば、自然、越後勢の動きは鈍る。

翌永禄十一年（一五六八）十二月、輝虎が越後に引き揚げたのを機に、信玄は駿河に侵攻した。これにより瞬く間に駿府《すんぷ》は席巻《せっけん》され、氏真は遠江の懸川《かけがわ》城に逃れた。ところが、こちらも信玄と密約を結んでいる徳川家康に囲まれた。

この知らせを聞いた氏康・氏政父子は激怒し、すぐに今川氏支援を決した。

北条勢は富士川から一里ほど西の蒲原《かんばら》城を拠点にし、河東《かとう》地域（富士川以東の駿河国）を確保した上、蒲原城の西方一里半の薩埵山《さったやま》まで兵を進めた。

二月、薩埵山まで進出した北条・今川連合軍は、山頂に陣取る武田勢を追い落とし、西方半里の横山城（興津《おきつ》城）に陣を構える信玄に攻撃を仕掛けた。しかし城は落ちず、戦線は膠着《こうちゃく》した。

四月になり、北条方が信玄の退路を断つ動きを見せたため、信玄は横山城と久能《くのう》山《ざん》城に籠城衆を残し、甲斐に引き揚げた。これを見た氏康と氏政は五月、家康との間に矢留《やどめ》（休戦協定）を結び、懸川城にいた氏真を蒲原城に引き取り、駿府館に今川勢を入れた。

遠江を家康に譲ったとはいえ、この時点で氏真は、いったん駿河国を回復したことになる。

しかしこの時、氏真は、今川家の名跡《みょうせき》を氏政嫡男の国王丸《くにおうまる》（後の氏直）に譲ることを強要された。これは駿河国の支配権をも譲ることを意味し、この時点で、今

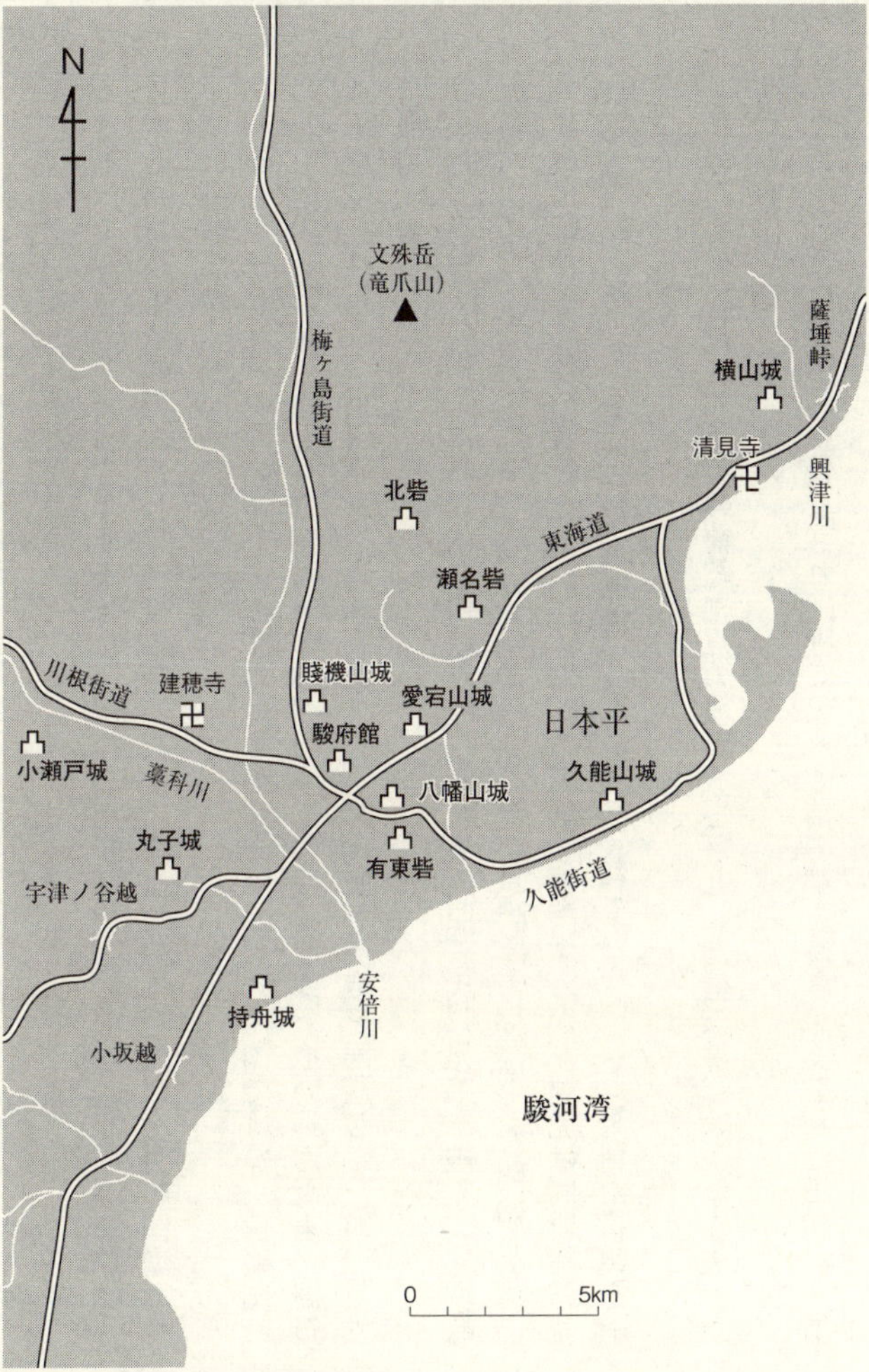

駿府館を取り巻く今川氏の城砦群

川氏は滅亡したも同然となった。

これにより六月、一転して北条氏は、越後の上杉輝虎との間に越相同盟《えつそう》を締結する。この時、同盟の証人として越後に赴くことになったのは、氏政次男の国増丸《くにますまる》である（後に氏康七男の三郎に変更）。

しかし、それも束の間の九月、信玄の逆襲が始まった。駿河国ではなく武蔵国に乱入した武田勢は鉢形・滝山両城を攻撃、両城を落城寸前まで追い込んだ末、周辺地域を焼き払いつつ小田原まで進軍した。しかし氏康が決戦を回避したため、信玄は撤退する。

十月、甲斐への帰路にあたる三増《みませ》峠に陣取る北条氏照・氏邦兄弟を破り（三増峠合戦）、甲斐に戻った信玄は十一月、駿河国制圧を目指して再び南下を開始した。

氏政は輝虎に同盟の履行を求め、信玄への牽制を要請するが、輝虎は同盟締結時に北条氏が約束した条件（領土割譲《かつじょう》）が、履行《りこう》されていないことを理由に腰を上げない。

そのため十二月、北条方の前線拠点の蒲原城を落とした信玄は、いったん失った駿府を回復した。

この年の秋に領国内に侵攻され、穫り入れ寸前の稲を焼き尽くされた挙句、三増

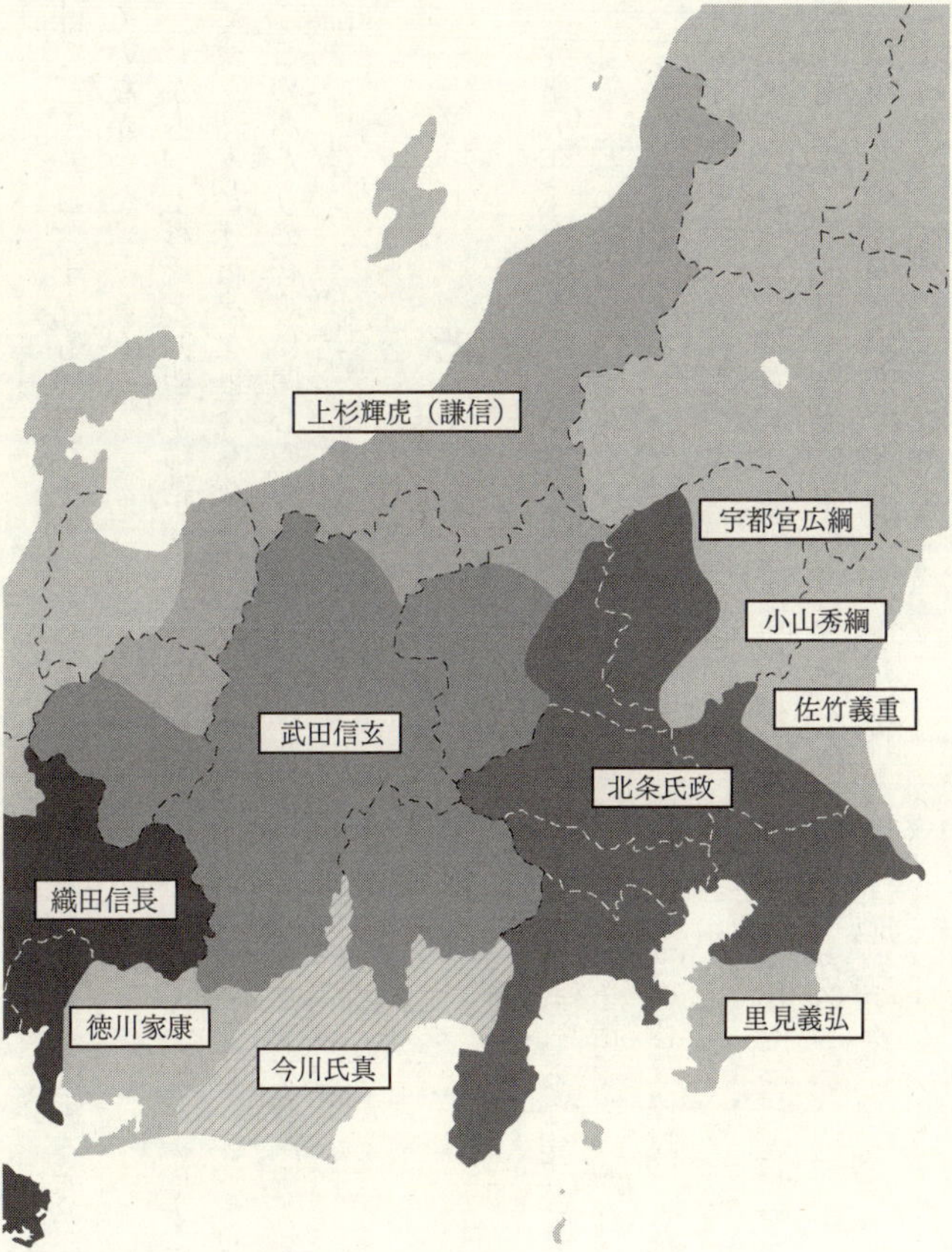

永禄11年（1568）末の関東・東海・北陸情勢図

峠で三千二百六十九もの将兵を失った北条氏には、もはや信玄に抗する力が残されていなかった。

しかも、上杉氏と同盟を締結したとはいえ機能せず、今となっては、信玄の侵攻に戦々恐々とせねばならなくなっていた。

このあたりの経緯に関心のある方は、乃至《ないし》政彦《まさひこ》氏との共著『関東戦国史と御館《おたて》の乱』（洋泉社《ようせんしゃ》）をお読みいただきたい。

▲

元亀元年（一五七〇）八月、氏康は病に倒れた。中風《ちゅうぶう》と言われるが定かでない。「息子たちの顔も判別できず」「食事の際も、食べたいものを指差すばかりで、いっこうに食べようとしない」「北条氏の置かれた危機（信玄の伊豆侵攻）も把握していない」という有様だったと言われる。

この後、いったん持ち直した氏康は、花押を添えた文書を出せるほどになるが、翌元亀二年（一五七一）五月を最後に、それも見られなくなる。

以後、その動向は定かでなくなり、十月三日、氏康は逝去《せいきょ》する。

家督を継いでから三十一年、享年《きようねん》は五十七だった。

北条氏歴代当主の中でも、軍事面で際立《きわだ》つ活躍を見せた氏康だが、内政面でも優れた業績を残した。この内外両面の諸施策により北条領国は安定し、巨大勢力の角逐となる戦国時代後半において、その力を十分に発揮することができた。

それでは氏康とは、いかなる人物だったのか。

拙著『天下人の失敗学』（講談社）で、筆者は信長を「決断力に富んだ行動派人間」と評し、同様な人格タイプとして、上杉謙信、武田勝頼、島津義弘、伊達政宗、そして氏康を挙げた。

そこで「果断な戦略で守旧勢力を駆逐し、強い意志で次々と改革を行う氏康こそ、信長や謙信以上に、このタイプの典型です。信長や謙信と異なるのは、自らの短所を野放しにせず、それを抑制《よくせい》した形跡があり、それがリーダーとしての完成形として結実している点です」と記した。

エキセントリックな一面を持つ謙信、信長、勝頼と比べ、氏康にはクールな為政者としての一面がある。

ちなみに伊勢宗瑞《そうずい》こと早雲《そううん》には、明智光秀、武田信玄、毛利元就《もうりもとなり》、石田三成らと同じ「正義を重んじる現実主義者」、二代氏綱は徳川家康、豊臣秀長、前田利家《としいえ》らと同じ「協調性に富んだ常識人」と判定した。ちなみに豊臣秀吉や真田昌幸《さなだまさゆき》は、「奔放な発想の自由人」である。

以上の四つのタイプに人格は大別できるというのが、筆者の持論だが、それでは四代氏政は、いずれのタイプだろうか。

筆者は氏綱と同じタイプだと見ている。ところが同じタイプでも氏政は、氏綱や家康のように、勝負所で思い切った手を打てる果断さに欠けていた。

かくして氏政は、戦国時代有数の広大な北条氏領国と五万から七万に及ぶ家臣団を従え、戦国時代の荒波へと漕ぎ出していくことになる。

第十章

手《て》切《ぎれ》之《の》一《いっ》札《さつ》

元亀二年（一五七一）十月に病没した氏康に代わり、全権を握った氏政が最初に行ったことは、甲斐《かい》武田氏との国交回復だった。氏政の正室は信玄の娘・黄梅院《おうばいいん》であり、仲も睦《むつ》まじかったというので、氏政が武田氏寄りになるのも無理はない。

ちなみに黄梅院は永禄《えいろく》十一年（一五六八）、北条氏が武田氏と断絶した際に離縁させられ、その翌年に亡くなっているので、この同盟が、黄梅院を取り戻すために締結されたものではないと断っておく。

一方、北条・武田両氏が再同盟するという情報を摑んだ謙信は、氏康存命中の元亀二年四月、氏康に真意を問い質《ただ》す書状を出すが、死の床にあった氏康は、その返信で「昔からよくある讒言《ざんげん》の類《たぐい》」と片付け、逆に、「正しきを糾明《きゅうめい》すべきだ」と反論している。

実はこの時、すでに氏康は、北条氏の政治・外交両面で蚊帳《かや》の外に置かれていたと思われ、武田家との再同盟の動きを知らされていなかったに違いない。

再三にわたる信玄牽制《けんせい》要請に謙信が動かなかったため、この頃の北条氏と上杉氏との関係は完全に冷え切っていたが、同盟が継続中なのは事実である。ただしそれは、約束した領土の割譲《かつじょう》を遅々として進められない北条氏側にも問題があり、一方的に謙信の非とするのは当たらない。

ちなみに、輝虎は元亀元年（一五七〇）に出家し、謙信という法号を名乗っているので、この章からは謙信と呼ぶことにする。

謙信の摑《つか》んだ情報は正しく、元亀二年十二月、氏政と信玄は正式に攻守同盟を締結する。

ただ、ここで複雑なのは、この同盟には「甲相越《こうそうえつ》三和一統」という大きな目的があり、その第一歩として、まず甲相が再同盟したという点である。

しかし、これを事前に謙信に通達したわけではなく、甲相が手を結んだ後に、武田氏から使者（重臣の跡部大炊助《あとべおおいのすけ》）を遣《つか》わし、「甲相越三和一統」を唱えたので、謙信が立腹したのは当然だろう。

だいいち、ここでそんな話に乗ってしまえば、長きにわたって信玄と戦ってきた大義が雲散霧消《うんさんむしょう》し、多くの利害関係者（信濃の傘下国衆《さんかこくしゅう》など）を失望させることになる。

結局、北条氏と上杉氏は、「手切之一札《てぎれのいっさつ》」という国交断絶状を送り合い、再び敵対関係となった。

一方、武田氏側からこの事態を見ると、織田信長との同盟が機能しなくなっていた信玄が、織田・徳川連合の脅威《きょうい》に危機感を抱《いだ》くと同時に、上洛《じょうらく》して天下を統一するという野心が芽生え、「甲相越三和一統」という発想に至った、という本音が浮かび上がってくる。

氏政も、すでに関東という枠内で抗争を続ける愚《ぐ》を覚《さと》っており、かつての甲相駿《こうそうすん》三国同盟を、甲相越三国同盟として復活させることで、中央政権となりつつある織田氏に対抗していこうとしていたに違いない。

しかし、そうした努力も実を結ばず、「甲相越三和一統」は日の目を見ず、敵味方の構図は、元亀年間以前に戻ってしまった。

▲

天文《てんぶん》七年（一五三八）、氏政は氏康の次男として生まれた。その後、天文二十一年（一五五二）に兄の新九郎が早世したため、家督《かとく》継承予定者となった。

ちなみに新九郎という仮名《けみよう》は、北条氏当主に代々、継承されてきたもので、兄の死去に伴い、氏政もそれを名乗ることになった。

簡単にその略歴を記すと、天文二十二年（一五五三）、十六歳で元服《げんぷく》した氏政は、氏康の下《もと》で帝王学を学び、永禄二年（一五五九）、二十二歳で家督を譲られている。

しかし、この時の実権はなきに等しく、家督継承から十二年を経た元亀二年十月、氏康が死去することにより、氏政は三十四歳で名実ともに北条家の当主となる。そして前述のごとく、当主となった最初の大仕事が、甲斐の武田氏との国交回復と攻守同盟締結だった。

それでは次に、関東各地で北条家と敵対してきた国衆たちの視点から、大国間の動きを見てみよう。

越相《えつそう》同盟締結により、北条氏と敵対関係にあった常陸《ひたち》の佐竹義重《よししげ》、安房《あわ》の里見義弘《よしひろ》、佐竹家の客将となっていた太田資正《すけまさ》、さらに下野《しもつけ》の宇都宮・結城《ゆうき》・小山《おやま》氏らは、謙信に見捨てられた格好になる。

致し方なく信玄と結び、北条方に対して徹底抗戦を貫こうとしたが、今度は、甲相同盟が成立した。

大国の思惑に振り回されることの馬鹿馬鹿しさを覚った彼らは、これまでのように、他人を頼りにするのではなく、北関東諸大名間のつながりを強め、北条氏の圧力に抗していくことにした。

しかし、それぞれの思惑は異なり、方針を統一するまでには至らない。

例えば安房の里見氏は、土気《とけ》酒井《さかい》氏、東金《とうがね》酒井氏、長南《ちようなん》武田氏、万喜《まんぎ》土岐《とき》氏といった国衆を傘下に収めていたが、越相が手切れとなっても、彼らは武田氏との同盟関係を継続する道を選んだ。後にそれは、武田氏を介して北条氏と「停戦―和睦―同盟(傘下入り)」という方向に向かっていく。

また、それぞれの国衆には、それぞれの境目争いという別次元の問題も存在しており、それが絡むことで、陣営の鞍替《くらが》えが頻繁《ひんぱん》に起こり、一元的に反北条同盟を築き上げるというわけにはいかなかった。

しかし謙信の勢威が衰えた今、恃《たの》みとするのは己の力しかないのも確かであり、佐竹義重―宇都宮広綱《ひろつな》を核とした反北条同盟のようなものを形成する以外に、生き残る道がなかったのも事実である。

その成果が、天正《てんしょう》元年(一五七三)の多功原《たこうばら》合戦として現れる。

多功原合戦とは、下野の傘下国衆・皆川広勝《ひろかつ》・広照《ひろてる》兄弟の後詰《ごづめ》に乗り出した氏政が、下野多功原で、佐竹・宇都宮連合に敗れた合戦のことである。

これにより、連合軍の意外な手強《てごわ》さを知った氏政は、いったん下野から兵を引いている(そのため皆川氏が離反する)。越後《えちご》には、多功原合戦で佐竹方大勝利と伝わったらしく、謙信は大喜びしている。

下野攻略から転じた氏政の攻撃目標は、武蔵に唯一残る上杉方国衆・木戸氏の羽生《はにゅう》城、常陸の簗田氏の関宿《せきやど》・水海《みずみ》両城、深谷《ふかや》上杉氏の深谷城となった。

また元亀四年の四月（元亀から天正への改元は七月二十八日）、織田信長と雌雄《しゆう》を決すべく、上洛の途上にあった武田信玄が死去した。

信玄は自らの死期を覚り、強引に西上作戦を開始したが、その途次に力尽きたのだ。その家督は勝頼《かつより》が継いだが（勝頼は後見で、その子の信勝《のぶかつ》が継いだとする説もある）、信玄の死は秘匿《ひとく》された。

しかし、瞬《また》く間に信玄死去の噂は広がり、翌月には信長、家康、謙信、氏政らの耳にも届いていた。

一方、天正二年（一五七四）、謙信が上州に乱入し、北条方由良《ゆら》氏（かつての横《よこ》瀬《せ》氏）の女淵《おなぶち》、赤堀、善《ぜん》、山上《やまかみ》の四城を立て続けに攻略した。

由良成繁《なるしげ》・国繁《くにしげ》父子は本拠の新田金山《にったかなやま》城に籠城し、支城の救援にも赴けなかった。

金山城付近まで進んだ謙信だが、由良氏が出陣してこないと知ると、北進して阿《あ》久沢《くさわ》氏の深沢《ふかさわ》・五覧田《ごらんた》両城を落とし、阿久沢氏を屈服させた。

これらの桐生《きりゅう》領付近の国衆への攻撃は、前年、北条氏の支援を受けた由良氏が、上杉方の桐生佐野重綱《しげつな》を没落させたことへの報復措置《そち》だった。

こうした事態に氏政も出陣してきたが、この年は利根川が増水しており、双方は、にらみ合うだけで撤退した。

四月末、謙信は越後に帰国するが、この時、かつて自らに徹底抗戦した那波宗俊《なわむねとし》の子・顕宗《あきむね》を、かつての那波氏の持ち城の一つの赤石城に入れた。那波氏を再興させたのだ。

那波氏滅亡の折、いったん顕宗は越後に連れていかれたが、謙信の覚えがめでたかったのか、御家を再興させてもらえた。

ちなみに、嫡男の無理之介宗安《むりのすけむねやす》は那波氏滅亡後、武田氏に仕官し、牢人衆を率いて各地で活躍、天正三年(一五七五)の長篠《ながしの》合戦では、奇襲を掛けられても鳶ケ巣《とびがす》山砦《やまとりで》から引かず、壮絶な討ち死にを遂げている。

謙信が帰国したことで勢いを得た北条方は、羽生領攻撃を本格化させ、支城の花崎《はなさき》城を落として羽生城を孤立させた。

七月、多方面作戦が展開できるほど勢力を扶植《ふしょく》しつつあった北条方は、氏政が下野東部へ、次弟の氏照が簗田氏の関宿・水海両城への攻撃を同時並行的に進めていた。

これに対して、追い込まれた佐竹義重と小山秀綱は、結城晴朝《はるとも》を仲介役として北条方との和睦を模索するが、これを氏政は拒否している。

十月、北条方の関宿・水海両城への攻撃が本格化し、謙信は越山《えつざん》してきた。謙信は佐竹義重と同陣し、反撃の方策を練ろうとするが、義重が身の安全を保証する血《けっ》判《ぱん》起《き》請文《しょうもん》を要求したため、怒って兵を引いた。

しかし、これには裏があり、義重は氏政との和睦交渉を進めており、はなから関宿城を救援する気などなかったのだ。それが同年十一月の謙信の羽生城破却、武蔵からの全面撤退へとつながっていく。

表向きは簗田氏を支援していた佐竹氏だが、北条氏との間に妥協を成立させ、簗田持助《もちすけ》を見捨てたため、簗田持助は降伏せざるを得なくなった。

簗田氏の関宿城は北条氏の直轄《ちょっかつ》城となり、簗田氏は水海城に移された。それでも国衆として、勢力を削減されずに存続できているので、寛大な措置である。

関宿地域は関東の河川交通の結節点《ハブ》となっており、かつて氏康が「一国を取るのと変わらない」と述べたほど、北条家にとって垂涎《すいぜん》の的だった。

氏政は、遂にその地を手に入れたのだ。

また謙信が放棄した羽生領については、攻略の中心となった忍《おし》城主の成田氏長《うじなが》に与えられた。氏長とは、かつて鎌倉の鶴岡八幡宮《つるがおかはちまんぐう》で、謙信に侮辱《ぶじょく》された長泰《ながやす》の息子である。唯一、抵抗していた深谷上杉氏も、謙信が越後に帰国するや、北条氏に降伏してきた。

これにより、北条氏の武蔵・下総両国の完全領有が成し遂げられた。

天正三年、北条氏は下野の小山秀綱を攻めるのと並行して、里見氏の上総における諸拠点を攻撃している。

これに不安を持った佐竹・宇都宮両氏は、「このままでは、いつか滅ぼされる」と思ったのか、謙信との再同盟を果たしている。里見氏も謙信と結んだので、抗争の図式は二年前に戻ってしまった。

言うまでもなく、氏政は関東を制圧する気でいたはずで、佐竹・宇都宮両氏の懸念は尤《もっと》もだった。

同年十二月、それを証明するかのように、氏政は下野国人の小山氏を没落させる。

ところがこの年の五月、武田勝頼が、三河《みかわ》国の長篠で織田・徳川連合軍に大敗を喫した。これにより中原《ちゅうげん》の勢力図は塗り替えられ、北条氏と同盟している武田氏は、はなはだ苦しい立場に追い込まれていく。それは、少なからず北条氏の戦略にも影響を与えていくことになる。

翌天正四年（一五七六）、小山領奪回を目指した佐竹方との戦いは熾烈《しれつ》を極め、小山氏の祇園《ぎおん》・榎本《えのもと》両城の取り合いが起こっていた。

これを後詰すべく五月、謙信は越山してくるが、さして積極的なものでもなく、ほどなくして引き揚げている。度重なる効果なき越山に、越後国衆に嫌気が差してきていたに違いない。

それゆえこの頃から、謙信自身も北陸方面への領土拡張と、北陸経路での上洛戦を視野に入れ始めており、関東への関心が薄らいできていた。

そのため、この年の五月が謙信最後の越山になる。

こうした状況から、この年の後半、北条氏は佐竹・里見両氏への圧力を強めていた。

房総半島では、年内に里見氏傘下の土気・東金両酒井氏を従属させると、翌天正五年（一五七七）九月、長南武田氏をも傘下入りさせ、里見氏を孤立させた。

さらに九月末、里見氏の本拠・佐貫《さぬき》城の沖で海戦があり、里見水軍を破った北条水軍は、上陸作戦を敢行し、佐貫城を攻め上げた。

この時の海戦について詳しく書かれた記録はないが、里見水軍に相応の打撃を与えない限り、北条氏は上陸作戦を行えず、その後の補給もままならないので、里見水軍は壊滅に近い打撃をこうむったと考えるべきだろう。

これにたまらず里見義弘は、降伏同然の和睦を申し入れてきた。

十一月、里見氏との間に和睦が結ばれ、四十有余年にわたる両氏の抗争に終止符が打たれた。

同盟締結にあたり、氏政の娘が里見義弘嫡男の義頼《よしより》に嫁《とつ》ぐことになり、両氏の関係は堅固なものになる。

この和睦は対等なものではなく、里見氏が北条氏に従属する形だったことは確かなのだが、里見氏に軍役を課すまでには至っていないので、里見氏の独立は保たれていた。

氏政としては、「とにかく大人しくしていてくれれば、それでいい」といったところだったのだろう。

ちなみに北関東戦線では、結城氏が同年五月、同族である小山氏の没落を目の当《ま》たりにして危機感を抱いたのか、佐竹陣営に鞍替えしていた。これにより、佐竹・宇都宮・結城の三氏を中心にした反北条同盟が形成されていく。

しかし七月、これに怒った氏政によって結城城を攻撃され、結城氏は死者三千人

北条氏と千葉・里見氏の関係

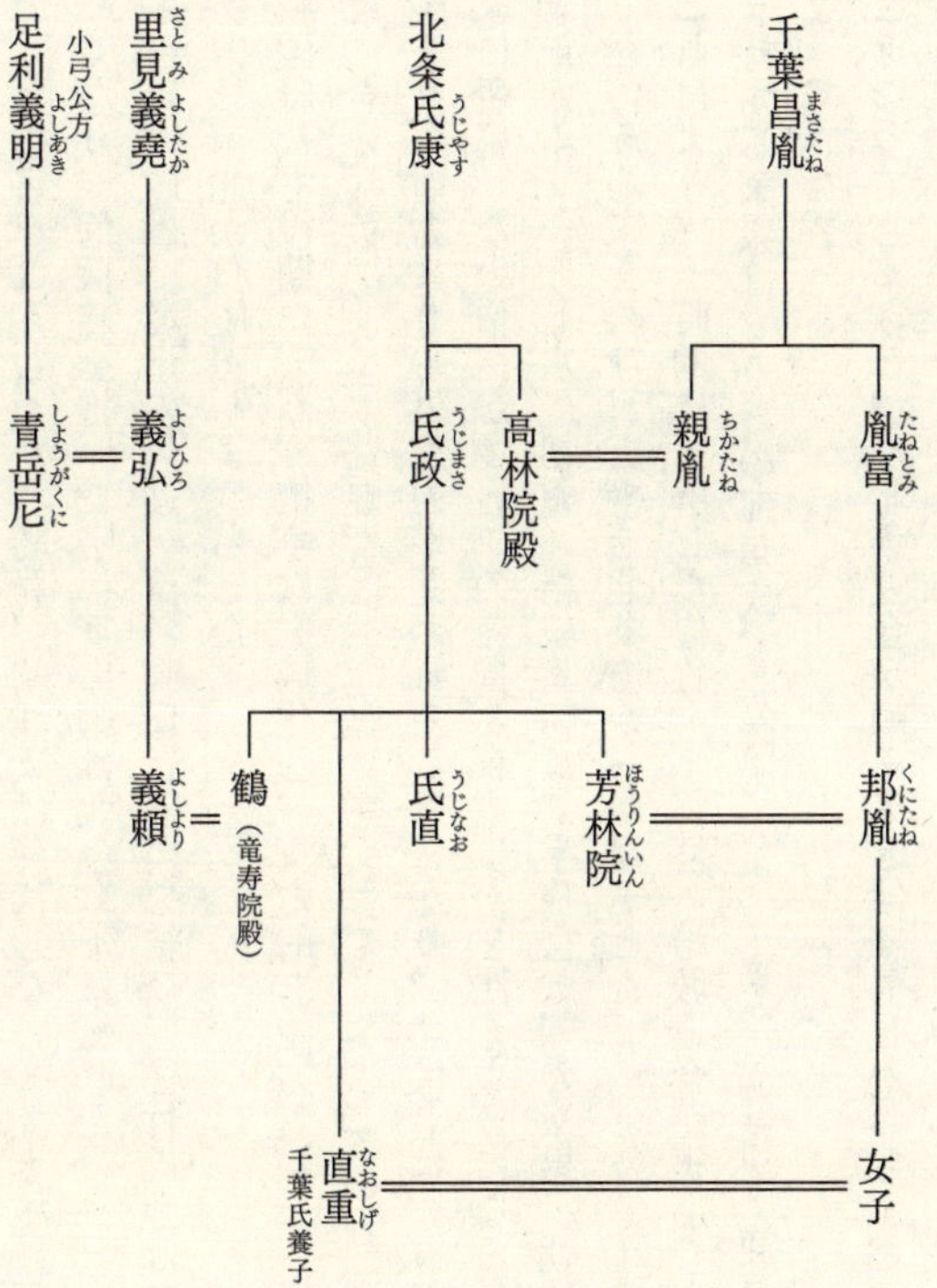

という大損害をこうむった。結局、結城氏は降伏しないまでも城に逼塞《ひっそく》するしか手はなくなり、危機感を抱いた宇都宮広綱は北条傘下に転じた。

さらに氏政は、奥州の伊達《だて》・蘆名《あしな》両氏と同盟を結び、佐竹氏をはじめとした反北条勢力を南北から圧迫しようとした。

戦国時代も後期に入り、抗争は広域化し、決定的な戦力差がない場合、勝利の女神は、合従連衡《がっしょうれんこう》をうまく機能させた方に微笑むようになっていた。

つまり軍事力よりも外交力が問われることになり、諸大名は、有能な外交官（大名家に所属しない僧侶が多い）の発掘と育成に力を注ぐようになる。

天正六年（一五七八）初頭、結城晴朝は、宇都宮広綱の次男・朝勝《ともかつ》を養嗣子《ようし》に迎えるという約束を結び、広綱を北条方から離反させた。

これにより、一時的に瓦解《がかい》した佐竹・宇都宮・結城連合が復活したものの、彼らを支持する国衆は、下野の那須《なす》氏、常陸の大掾《だいじょう》・真壁《まかべ》・江戸・鹿島《かしま》氏を残すのみとなっていた。

こうなってしまうと、反北条連合が頼るべきは謙信しかおらず、彼らは謙信に越山を要請した。

北陸への進出で多忙になりつつあった謙信だが、この要請に応え、四月に大規模な関東越山を行うと宣言、しかも、北条氏との無二の一戦さえ辞さないつもりだったと言われる。

果たして、北陸侵攻に重心を置きつつある謙信が、関東に侵攻し、盛衰を懸けた一戦を北条氏との間で繰り広げるだろうか。

この越山宣言を、私は欺瞞《フェイク》と見ている。

欺瞞などというと、謙信の名誉にかかわるように思えるが、こうした手を使うのは戦国大名の常であり、何ら名誉を傷つけることにはならない。信玄は西上作戦の折も、さかんに関東出兵を喧伝《けんでん》してから西に向かっている。

しかもこれまでは、唐突に関東に侵入するのが謙信の常套《じょうとう》手段であり、この時だけ、なぜ宣言したのだろうか。

それは、関東に侵攻すると織田信長に思わせておき、実際は、電撃的上洛作戦を敢行しようとしていたからにほかならない。

これを小説家の妄想《もうそう》と思っていただいては心外である。まず、越後国衆は益のない関東越山に乗り気でない。これ以上、関東越山を強行すれば、陣触れに応じない者が続出する可能性さえある。また、すでに劣勢に立たされた状況下で、北条氏に無二の一戦を挑めるのか。さらに、北陸侵攻がうまくいっているのに、なぜ関東に出向くのか。

こうした疑問が次々と浮かび上がる。

結論から申し上げると、謙信は関東にも京にも行かなかった。三月九日、謙信は春日山《かすがやま》城内で倒れ、そのまま意識が回復せず、十三日に死去する。

この死には謎が多いが、それについては、乃至政彦《ないしまさひこ》氏との共著である『関東戦国史と御館《おたて》の乱』(洋泉社)をお読みいただきたい。

関東に静謐《せいひつ》をもたらさんとして、謙信は走り回ってきた。その功罪についてを、ここで論じる気はない。

ただ、もう少し早く謙信に上洛の野心があったなら、謙信はそれを成し遂げたはずであり、織田家の天下統一事業にとって、大きな障害となったはずだ。

また、北条氏の関東制圧事業は迅速に進み、後の小田原合戦のようなことも起こらなかったに違いない。

▲

四月から五月初旬にかけて、謙信の死は関東各地に知れわたった。なぜかと言えば、越後では景勝《かげかつ》と景虎《かげとら》という二人の後継者候補の間で、早くも跡目争いが勃発していたからである。

景勝は謙信の姉の子で、上田長尾氏の出身。一方の景虎は氏政の庶弟で、北条氏の出身である。景虎は越相同盟締結の折、証人（人質）として越後に送られた後、謙信の覚えがめでたく、謙信の最初の実名・景虎までもらって後継者候補になっていた。

どちらが正統の後継者であるか、また謙信の後継者構想がいかなるものであったかは、推測の域を出ないので、ここでは記さない。

いずれにしても、この内訌いわゆる御館の乱が、氏政の構想に大きな影を落とすことになる。

同年五月、反北条勢力を結集した佐竹義重と氏政が、結城・山川・小川領の境界付近まで進出し、鬼怒川《きぬ》を挟んで対陣した。双方は先に渡河することをせず、にらみ合いは七月まで続いた（小川台合戦）。

この間も、御館の乱は進んでおり、氏政は景虎を支援したくて、うずうずしていたに違いない。

五月五日、越後で最初の衝突があり、形勢不利となった景虎は、いったん御館（元関東管領《かんれい》・上杉憲政《のりまさ》の館）に退去したが、十七日、与党が集まったので春日山城に攻め寄せ、大敗を喫する。

鬼怒川河畔で身動きの取れなくなっていた氏政は、同盟している武田勝頼に出兵を依頼し、勝頼も快諾《かいだく》して越後に進出した。

ところが、景勝方より和睦の仲立ちを依頼された勝頼は、景勝の持参した多額の賄賂《わいろ》に目がくらみ、それに合意した。むろん氏政はこれを知らない。

勝頼は六月末に越後に入り、双方の間を周旋《しゅうせん》した。

ところが、和睦を拒否した景虎に怒った勝頼は、北条氏との同盟関係を破棄するのを覚悟の上で、景勝と甲越同盟を締結する。

一方、この知らせを鬼怒川陣で聞いた氏政は激怒し、七月、相次いで北条勢を越後に差し向けた。

遂に甲相は手切れとなった。

八月末、勝頼は帰国し、入れ替わりに氏照・氏邦兄弟が越後に入るが、坂戸《さかど》城攻略に手間取り、なかなか越後府内に進めず、孤立した景虎は苦戦を強いられる。

紆余曲折《うよきよくせつ》を経た後の天正七年（一五七九）三月、景虎は敗死した。

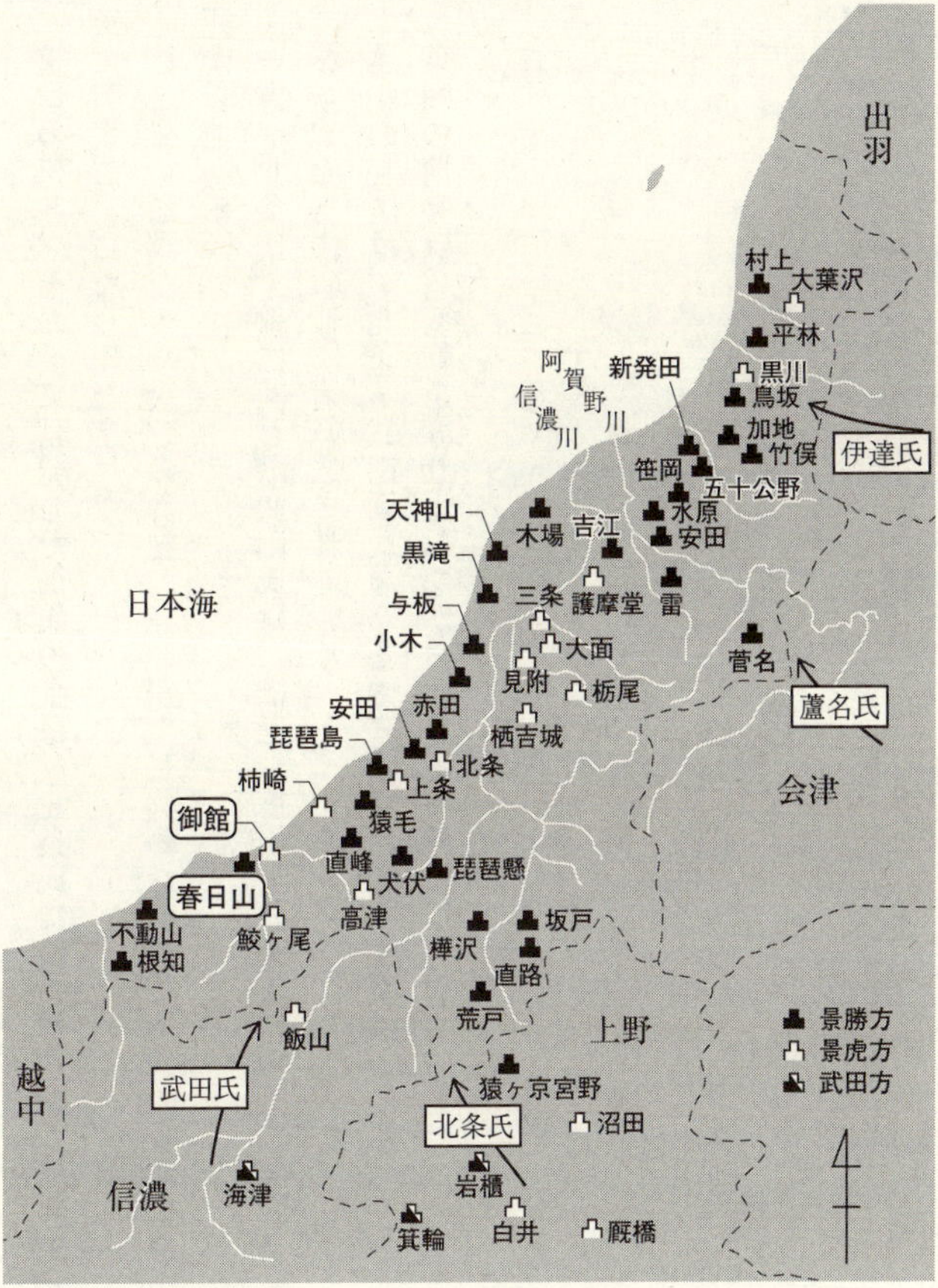
出羽
村上
大葉沢
平林
阿賀野川
新発田
黒川
鳥坂
信濃川
加地
竹俣
伊達氏
笹岡
五十公野
天神山
木場
吉江
水原
安田
黒滝
三条
護摩堂
雷
日本海
与板
大面
菅名
小木
見附
栃尾
蘆名氏
安田
赤田
栖吉城
琵琶島
北条
柿崎
上条
会津
御館
猿毛
直峰
琵琶懸
春日山
犬伏
高津
不動山
坂戸
鮫ヶ尾
樺沢
根知
直路
荒戸
飯山
上野
景勝方
景虎方
武田方
越中
武田氏
猿ヶ京宮野
北条氏
沼田
岩櫃
信濃
海津
白井
箕輪
厩橋
「御館の乱」関係城郭図

謙信の死と、その後に勃発した御館の乱は、北条氏に何の益もなく、武田氏まで敵に回すことになってしまった。

ここまで順調だった氏政の計画に狂いが生じ始めたのは、御館の乱での景虎の敗死からである。

一方、北条氏を敵に回した武田氏は、織田・徳川・北条氏に領国を包囲される形になり、徐々に窮地に追い込まれていく。

勝頼の判断は、北条・武田両氏を奈落の底に突き落とす契機となる。

東国の情勢は、変転を繰り返しながら徐々に終幕に近づいていた。

第十一章

垂れ込める暗雲

天正《てんしょう》六年（一五七八）三月の謙信の急死によって勃発した御館《おたて》の乱により、北条氏政《うじまさ》の弟・景虎《かげとら》は敗死し、越後《えちご》の間接的領有という氏政の野望は頓挫《とんざ》した。

長きにわたって友好関係にあった武田氏とも手切れとなり、関東制覇目前から四《し》面楚歌《めんそか》の状態となった北条氏は、一転して滅亡の危機を迎える。

甲斐《かい》の武田勝頼《かつより》は、常陸《ひたち》の佐竹義重《よししげ》と同盟を結んで関東を席巻《せっけん》し、息を吹き返した佐竹義重・宇都宮国綱《くにつな》・結城晴朝《ゆうきはるとも》ら「東方衆一統勢力」も、ここを先途と北条傘《さん》下国衆《かくにしゅう》に対して攻勢に転じた。

自ら北条氏との同盟を足蹴《あしげ》にしたにもかかわらず、開き直ったかのように北条領に攻め入る勝頼の怒りの源が、どこにあったのかは定かでない。

軽率な用語を使いたくないが、最も適切な言葉を探せば、「逆ギレ」だろう。

勝頼は大局観がなく、その場その場の感情の赴くままに判断し、行動するタイプなので、氏政はやりにくかったに違いない。

これは永禄《えいろく》十一年（一五六八）、甲相駿《こうそうすん》三国同盟を破って駿河《するが》今川領に押し入り、それをとがめた北条氏に「逆ギレ」し、関東に侵攻した父信玄と極めて似ている。

武田父子や佐竹義重に共通するのは、異常なまでの気位の高さと自己正当化である。これは、源氏の血を受け継ぐ武士たちに特有なものであり、平氏系の伊勢氏を祖とする北条氏としては、理解し難いものだったろう。

平氏と源氏の血筋による行動様式の違いについてご関心のある方は、拙著『武士の王・平清盛』(洋泉社《ようせんしゃ》)をお読みいただきたい。

武田勝頼と佐竹義重による甲佐《こうさ》同盟、さらに、その延長線上にある「東方衆一統勢力」への対抗措置として、氏政は徳川家康に接近した。その先には、言うまでもなく織田信長がいる。

すなわち氏政は、勝頼と手切れとなったのをきっかけとして、織田・徳川連合と誼《よしみ》を通じることができたのだ。

おそらく長篠《ながしの》合戦以後、氏政は織田・徳川連合に接近したかったはずだ。しかし武田氏との同盟関係を踏みにじるわけにはいかず、「どうしたものか」と困っていたに違いない。その点からすれば、勝頼が一方的に氏政を裏切ったことは、渡りに船だったのかもしれない。

これ以後、東国諸大名間の抗争と外交は、中央政権とのかかわりなしに成り立たなくなっていく。

天正八年(一五八〇)、氏政は織田政権の一員となることを覚悟し、家康を橋渡し役として信長に誼を通じた。

早雲庵宗瑞《そうずい》が今川氏から独立して以来、誰にも従属したことのなかった北条氏が、遂にその方針を改めたのだ。

それは、北条氏が「民《たみ》のための政治」を目指す特異な存在から、生き残るために、常の戦国大名へと変わっていく苦渋《くじゅう》の選択でもあった。

極端な言い方をすれば、ビジョンの戦いで「祿壽應穩《ろくじゅおうおん》」が「天下布武《ふぶ》」に敗れたことになる。民主主義が軍事政権に屈するのは、現代社会でも常に起こっていることである。

しかしこの間も、上野国《こうずけ》では勝頼が猛威を振るい、下野国《しもつけ》では「東方衆一統勢力」の攻勢が続き、氏政は、「当方終には可滅亡候哉（われわれは滅亡してしまうかもしれない）」とまで嘆くに至る。

勝頼は北条方を圧倒し、遂には上野国の大半を傘下に収めた。

佐竹義重も、北条氏に忠実だった下野国衆の佐野氏や壬生《みぶ》氏を傘下に収めた。

こうした状況下で、北条氏は織田氏に対して服属という形を取った。

織田氏側の史料によると、氏政は「関東八国御分国《ごぶんこく》に参る（関八州を差し出します）」とまで信長に言ったとされ、嫡男氏直《ちゃくなんうじなお》の正室に信長の娘を迎える約束までしたという。

これに対して信長は、「それなら家督《かとく》を氏直に譲れ」と申し渡したらしく、八月、氏政は「軍配団扇《うちわ》の譲渡」の儀を執《と》り行い、隠居している。

氏政は四十三、氏直は十九だった。

これ以後も、実権は氏政が握り続けることになるが、この時の危機が、よほどこたえたのだろうか、これ以後、氏政の政治外交手腕は精彩を欠くようになる。

△

北条家五代当主の氏直は永禄五年（一五六二）の生まれで、母は武田信玄の娘の黄梅院《おうばいいん》である。

氏直は七歳の時、領国を失った今川氏真《うじざね》の養子となった。つまり今川氏の名跡《みようせき》を継いだのだ。これが形式的なものか、氏政が本気で氏直に今川氏を継がせようとしていたのかは、同じく黄梅院所生と推定される長男新九郎が、いつ死去したか分からないため不明である。

つまり日の目を見なかったものの、長男新九郎に北条氏の家督を継がせ、氏直に今川家の家督を継がせるという構想もあったのだ。

いずれにせよ、早世した長男が生存中に、氏直が今川氏の家督継承権を得たのであれば、氏康か氏政には、今川領駿河と東遠江《とおとうみ》の領有という構想があったのだろう。

氏直の初陣は十六歳の時で、天正五年（一五七七）の上総《かずさ》国での里見勢との戦いと言われる。この戦いは里見勢を圧倒したもので、「強い北条氏」を、氏直は目の当たりにした。

なお当主になったとはいえ、氏直が自主性をどれだけ発揮したかを判定するのは難しく、小田原《おだわら》合戦の最終局面まで、実権は氏政にあったと考えられている。つまり氏直が自らの手腕を発揮する前に、北条氏は潰《つい》えたと考えられる。

攻める武田方、守る北条方という流れが変わったのは、天正九年（一五八一）三月の徳川家康による高天神《たかてんじん》城攻略である。

「高天神を制す者は、遠江を制す」と言われた大要害であり、結果的に東国の覇権を左右した高天神城について、少し歴史をさかのぼってみたい。

永禄十一年（一五六八）十二月、信玄と家康の同時侵攻作戦により、東海地方に覇を唱えた今川氏は没落する。駿河は信玄の、遠江は家康の領有に帰し、今川氏に

北条氏政の妻子

氏政《うじまさ》（母瑞溪院殿カ）＝黄梅院殿《おうばいいんでん》・鳳翔院殿（武田信玄娘）

- 芳林院《ほうりんいん》　千葉邦胤室　母黄梅院殿カ
- 氏直《うじなお》　国王丸・新九郎・左京大夫　初、今川氏真養子　母黄梅院殿
- 源五郎　太田　岩付城主　国増丸　母黄梅院殿カ
- 氏房《うじふさ》　岩付城主　菊王丸・十郎　母黄梅院殿カ
- 直重《なおしげ》　初、北条氏照養子　後、千葉邦胤養子　七郎　母黄梅院殿カ
- 氏定　北条氏邦養子
- 源蔵　北条氏照養子
- 勝千代　母鳳翔院殿カ
- 竜寿院殿・鶴姫　里見義頼室
- 庭田重定室
- 皆川広照室　実中御門宣綱娘カ
- 小山秀綱室　実成田氏長娘カ
- 上杉氏憲室　実北条氏繁娘

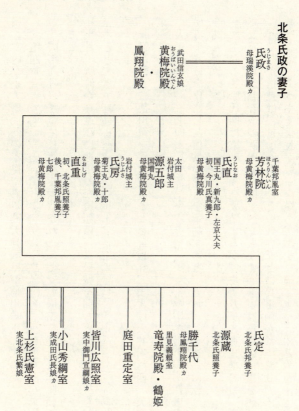

属していた小笠原氏助《おがさわらうじすけ》の本拠である高天神城は、徳川傘下に入った。

元亀《げんき》四年（一五七三）四月の信玄の死により、いったん逼塞《ひっそく》した武田氏だったが、同年九月、家康に長篠城を奪取されたことで危機感を募らせ、勝頼の下に一つにまとまる。

十月、駿河から遠江に進出した勝頼は、浜松城を囲むと城下に放火し、家康を挑発すると、高天神城攻略のために、大井川上流に兵站《へいたん》拠点として諏訪原《すわはら》城を築いた。

勝頼は徐々に徳川領を侵食することを目指し、まずは大井川以西、天竜川以東の東遠江を制することを目指した。

天正二年（一五七四）、勝頼は東美濃《みの》に出陣し、織田家傘下の明知《あけち》城をはじめとする十八城を攻略し、信長の動きを牽制《けんせい》すると、五月、兵を遠江に転じて高天神城を囲んだ。

城主の小笠原氏助は家康に後詰《ごづめ》要請するが、総勢八千の徳川勢では、侵攻軍だけで二万から二万五千の武田勢に抗すべくもなく、家康は信長に援軍を懇願する。

ところが信長は、越前一向一揆との戦いなどに兵を割《さ》かれており、すぐに救援に赴けない。ようやく信長が岐阜を発ち、浜松に達しようとする六月十七日、高天神城は降伏開城した。

これにより高天神城は武田氏の直轄《ちょっかつ》城となり、家康は遠江に大きな楔《くさび》を打ち込まれた。以来、家康にとって高天神城の奪還は悲願となった。

一方、高天神城維持を優先順位の筆頭に掲げるべきにもかかわらず、勝頼は越後の内訌《ないこう》に関与し、しかも外交的不手際から北条氏との同盟を破棄《はき》する羽目に陥る。以後、北関東に乗り込み、華々しい戦果を上げ続けるが、そちらに気を取られ、高天神城のことが、なおざりになってしまう。

その間に家康は、外部から容易に後詰できないほどの高天神城包囲陣を築き上げていた。

籠城衆からは再三にわたる後詰・兵糧《ひょうろう》搬入要請がなされていたが、勝頼は上州《じょうしゅう》侵攻作戦にかかりきりになっており、籠城衆を撤退させるなどの手当ても遅れた。

兵糧も底をつき、死を決した籠城衆は、包囲陣を突破しようと出撃するが、戦える者のほとんどにあたる六百八十八人が討ち死にした。

この結果、勝頼の威信は失墜し、武田傘下国衆から各地に配置された直臣《じきしん》まで、離反の動きが出てくる。

氏政は北関東への攻勢を強め、武田傘下の北関東国衆も引き気味になった。

八月、氏政は、駿河と伊豆の国境を守る武田方の要衝《ようしょう》・長久保《ながくぼ》城を攻略した。家康による高天神城攻略に比べて目立たないが、武田氏の衰勢を決定付ける事件として、同等の価値がある。

その結果、遠江から家康、伊豆から氏政の侵攻を受けた勝頼は、文字通り東奔西走《とうほんせいそう》させられることになった。

駿河国の東西を頻繁に移動せざるを得なくなった武田兵は疲弊し、同時に、信玄の残した軍資金は瞬《また》く間に底をついた。

天正十年（一五八二）二月、武田領西端の木曾谷《きそだに》を守る木曾義昌《よしまさ》が信長に従属することで、遂に崩壊の堰《せき》は切られた。

織田・徳川・北条諸勢が武田領国への同時侵攻作戦を始めると、勝頼はなす術《すべ》もなく後退に後退を重ね、三月、甲斐東端の天目山《てんもくざん》麓田野《たの》において自刃《じじん》する。

信虎・信玄・勝頼の三代にわたって強盛を誇った武田氏が、遂に滅亡したのだ。

ところが戦後、信長は上野一国を滝川一益《たきがわかずます》に、駿河一国を徳川家康に、また信濃国を戦功のあった家臣たちに分け与えたにもかかわらず、氏政には何も与えなかった。北条氏は織田方に与《くみ》したのに、何の恩恵にも与れないどころか、自力で回復した上野一国を取り上げられた。信長は武田領侵攻作戦における北条氏の貢献度が、

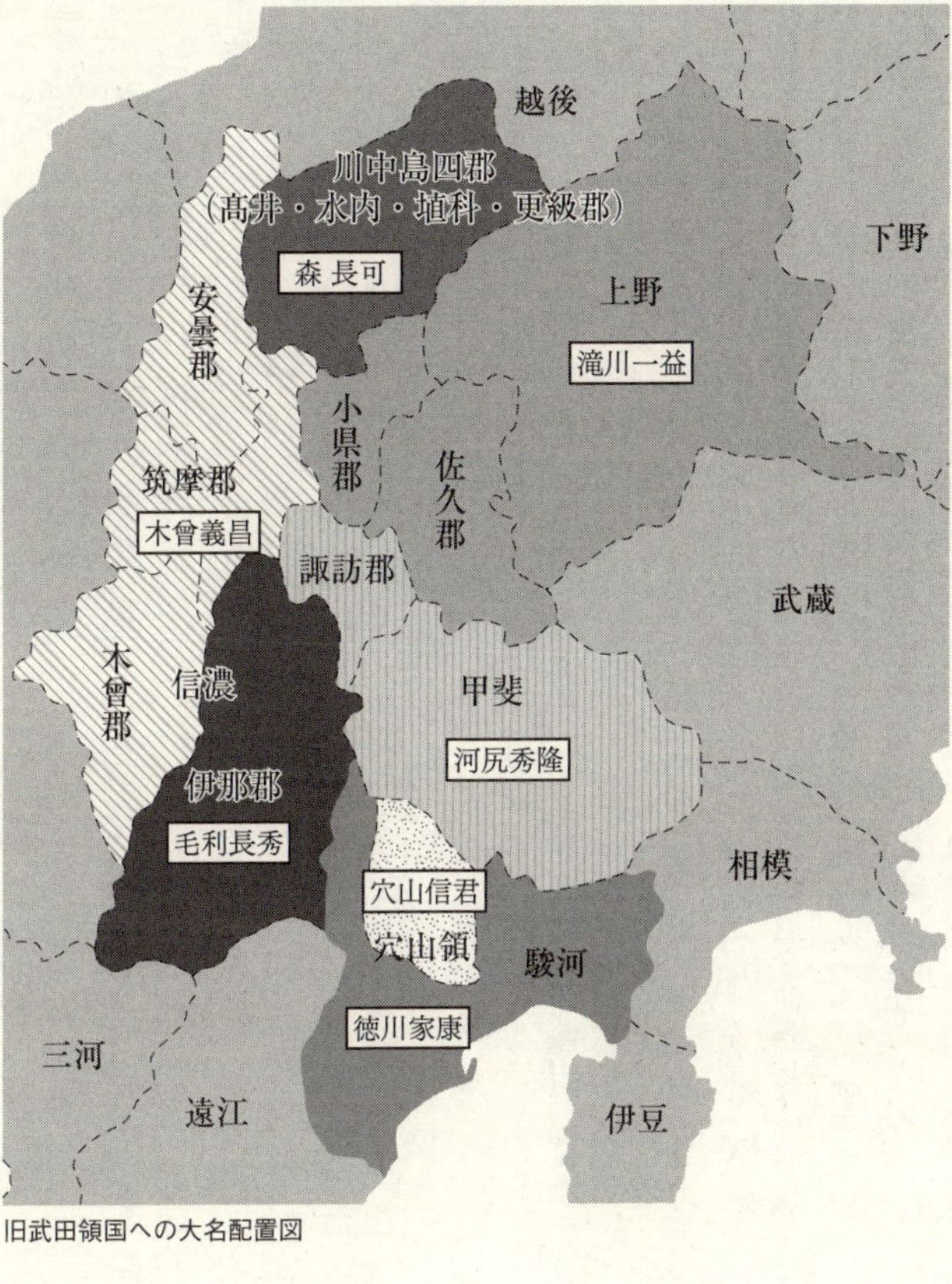

旧武田領国への大名配置図

なきに等しいと判断したのだ。

この時の中央政権に対する不信感が、後に豊臣政権を容易に認められない原因の一つになる。


ところがこの年の六月二日、信長が本能寺に斃《たお》れることで、歴史は大きく動き始める。

信長の死は、北条氏の運命をも変える大事件となっていく。

この時、関東総奉行として信長から上野一国を与えられた滝川一益は、厩橋《まやばし》城にいた。

弔い合戦をしたくとも、一益にとって京都は遠すぎる。ちなみに上野厩橋から京都までは四百四十キロもあるが、備中《びっちゅう》高松にいる秀吉は、京都まで二百三十五キロしかない。これは直線距離なので、山道の多い東山道を使わねばならない一益にとって、上洛《じょうらく》して主君の仇を討つなど、現実的ではなかったに違いない。

しかし織田家の家臣として、一益も上洛の途に就かねばならない。

それによって勃発《ぼっぱつ》したのが、神流川《かんな》合戦である。

定説では、上野国奪還を目指した北条勢が滝川勢に攻め掛かったことになってい
るが、最近の研究では、北条・滝川両陣営の間に疑心暗鬼が芽生え、双方が武蔵と
上野の国境に軍勢を集結したのが、発端とされている。

つまり当初から、氏政に先制攻撃の意思があったかどうかは定かでない。

いずれにせよ六月十六日、深谷《ふかや》に布陣していた北条勢が、倉賀野《くらがの》に駐屯する滝川
勢に襲い掛かる形で、戦端が開かれた。

刻々と集まる情報によって信長横死《おうし》が確実だと確信した氏政は、ここで勝負に出
たと思われる。むろん一益も、北条方との一戦を覚悟していたに違いない。

十八日、両軍は神流川を挟んで対陣し、それぞれの先手を担う北条氏邦《うじくに》勢（鉢形《はちがた》
衆）と上野国衆が衝突した。この戦いは滝川方が勝利したが、翌十九日、主力勢同
士が激突し、北条方が大勝した。

一益は上野国を放棄し、信濃小諸《こもろ》城で再起を図ろうとするが、北信濃四郡を預け
られていた傍輩《ほうばい》の森長可《ながよし》が、すでに上洛の途に就いていたため、再戦をあきらめ、
本領のある伊勢長島目指して落去した。

一方、北条勢は氏直自ら四万の大軍を率い、碓氷《うすい》峠を越えて信濃に進出した。

これにより武田氏が滅んでから三カ月余しか経っていないにもかかわらず、甲信の地は再び戦火に包まれる。

信濃北部には上杉景勝《かげかつ》、甲斐には徳川家康も侵入し、三者間で武田旧領争奪戦が始まった。

この時、氏直としては、「あわよくば」甲信の地を手に入れようと思っていたに違いない。これは、北条氏の基本方針である常陸・上野・下野・上総・下総《しもうさ》・安房《あわ》・武蔵・相模《さがみ》の関東諸国に、伊豆を加えた九カ国の領有、つまり「関東独立国家構想」に反するものだが、信長の後継者による新政権の脅威が今後も高まるのは自明であり、関東の防波堤として、甲信の地を手にしたいと思うのは当然だろう。

かくして北条氏は、信濃国小県《ちいさがた》郡の小諸城を拠点として甲信の経略を開始する。

この時、何を措《お》いても、真田昌幸《さなだまさゆき》の与党化に成功したことが大きかった。

昌幸は主家である武田氏滅亡に際し、身の振り方に苦慮していたが、信長の死によって当面の危機が去ったことで、独立した戦国大名の道を歩もうとしていた。

そのためには一時的にでも、大きな傘の下に入るのが得策である。

後に秀吉から「表裏比興《ひょうりひきょう》の者」という汚名を頂戴する昌幸は、実にこの年だけで、武田勝頼、滝川一益（織田政権）、北条氏政、徳川家康、上杉景勝と寄親《よりおや》を五度も変えている。

いかに生き残るためとはいえ、秀吉さえも呆れる節操のなさである。

続いて、諏訪郡の諏訪頼忠《よりただ》が誼を通じてきた。これにより北条氏に、甲斐への道が開けた。

ところが徳川家康も、甲斐一国を手中にしかけており（東端の郡内地方のみ北条方）、甲信領有をかけて両者は衝突した。

これが、後に天正壬午《じんご》の乱と呼ばれる戦いである。

四万の兵を率いた氏直は、信州小諸から甲斐に入ると、若神子《わかみこ》に陣を布き、新府《しんぷ》城の徳川勢一万とにらみ合いを始めた。

ところが九月に入り、真田昌幸が徳川方に転じることで様相は一変する。また、息を吹き返した佐竹ら「東方衆一統勢力」が手薄になった下野国に乱入し、北条方は一転して危機に陥る。

結果論ではなく、佐竹・宇都宮・結城という宿敵を抱えたままの甲信侵攻作戦は、初めから無理があったのだ。

しかも真田昌幸の離反により、氏直率いる主力勢は、元来た道を引き返すわけにいかなくなった。さらに真田勢の抑えなどで、後詰勢の派遣もままならなくなる。

こうした外縁部の情勢が不利になったとはいえ、対峙《たいじ》する徳川勢は一万にすぎず、四万の北条方は、速戦即決すべきだった。

ところが遠征軍の主将が氏直ということもあり、老臣たちも慎重になりすぎ、徒《いたずら》に日々を費やした挙句、挟撃《きょうげき》を図ろうと御坂《みさか》峠を越えて甲斐に入った別働隊が、黒駒《くろこま》で徳川勢に大敗を喫したことで万策尽きた（黒駒合戦）。

十月末、双方は和睦し、天正壬午の乱は家康の七分《ぶ》の勝ちで終わった。

北条氏は、すでに抑えていた信濃佐久《さく》・小県両郡、甲斐郡内（都留《つる》郡）を家康に譲り、甲信の地から全面撤退することになる。

その交換条件として、北条氏は上野一国の領有を家康に認めさせた。つまり真田領（吾妻・沼田両郡）の引き渡しである。

北条氏としては、不安定な甲信の地を領有するより、上野一国の領有を確かなものとする方が得策と判断したのだろう。

それは一面では正しく、後に家康は秀吉の調略《ちょうりゃく》に悩まされ、甲信の地の大半を失うことになる。

しかし北条氏にとっても、家康傘下となったばかりの真田昌幸の領国を譲ってもらわねばならないという難題が残されていた。

武田氏滅亡後の関東甲信の状況

天正壬午の乱における北条側のメリットとして、「家康と誼を通じることができた」というものがある。確かに後の家康を思えば、これほど心強い味方はいない。だがこの時点では、ここから醸成《じょうせい》されていく徳川氏との強い絆が、逆に北条氏の外交政策を硬直化させることにつながるのを忘れてはならない。

さらに家康への信頼過多が、後に北条氏を破滅に追いやるのは周知の通りで、結果論ではなく、この和睦は、北条氏にとって益するものは何もなかったと思う。

またこの時、越後の上杉景勝は、どさくさに紛《まぎ》れて川中島四郡の領有に成功し、家康と対立関係になったため、信長の後継者となった羽柴《はしば》秀吉に接近していくことになる。この外交的枠組が、上杉・北条両氏の明暗を分けていく。

▲

かくして天正壬午の乱は終結したが、北条氏の上野国領有に関して、大きな問題が残っていた。徳川氏傘下となった真田昌幸が、上野国の領土を北条氏に割譲《かつじょう》することを拒んできたのだ。

家康が同等の替え地を信濃国内に与えると言っても、昌幸はそれを信じず、家康から離反し、上杉景勝と同盟するという挙に出る。

戦国時代は己の力だけが頼りであり、家康の命に従ったところで、後にうやむやにされると思ったのだろう。

昌幸は厩橋城で独立国衆の道を歩み始めていた北条高広《きたじょうたかひろ》を調略で味方に付け、共に反旗を翻《ひるがえ》した。

北条高広とは、かつて謙信の片腕として関東侵攻作戦で活躍した越後の有力国衆のことである。

厩橋領は、北条領から見れば真田領の吾妻・沼田領の前衛に位置し、上野国の中心に位置する。しかも厩橋は上野国の流通を抑える重要拠点であり、早急に攻略せねばならない。

天正十一年（一五八三）正月、厩橋領への侵攻を開始した北条勢は、利根川西岸の石倉・惣社《そうじゃ》両城を攻略して厩橋城に迫った。

一方の北条高広は、いったん離反していた上杉景勝への再服属を表明すると、佐竹・宇都宮・結城らに後詰を要請する。

これに応えた景勝と「東方衆一統勢力」の動きが活発になり、北条方は兵を引かざるを得なかった。

ここからも分かる通り、北条氏には、佐竹ら「東方衆一統勢力」が常に足枷《あしかせ》となっていた。これは小田原合戦まで続く。

彼らを外交的に懐柔《かいじゅう》するなり、切り崩すなりできなかったことが、滅亡の遠因になる。

同年八月、家康の娘が氏直に嫁《とつ》ぐことで、すでに締結されていた北条・徳川間の攻守同盟が強化された。この時点では、双方共に「一蓮托生《いちれんたくしょう》」の覚悟まではしていなかったと思われるが、情勢の変化により、両氏は徐々に絆を強めていく。

九月、徳川氏との同盟締結によって勇を得た北条氏は、厩橋城に攻撃を掛け、北条高広を降伏させた。

これにより上野国で敵対するのは、真田昌幸だけとなったが、十月、今度は新田《にった》金山《かなやま》城主の由良国繁《ゆらくにしげ》と館林《たてばやし》城主の長尾顕長《あきなが》が、北条傘下から離脱した。佐竹義重の調略に乗ったのだ。

慌てて兵をそちらに向けた北条氏だが、佐竹義重や佐野宗綱《むねつな》らも後詰に動き出し、沼尻《ぬまじり》合戦が勃発する。

この戦いは、秀吉と家康の間で戦われた小牧《こまき》・長久手《ながくて》合戦と同時並行的に進んでおり、まさに中原《ちゅうげん》を舞台に、豊臣と徳川の二大勢力がぶつかり合うのと並行して、関東でも代理戦争が勃発する形となった。

北条・佐竹両軍は、下野国の三毳山《みかもやま》の南麓に広がる沼尻という沼沢地《しょうたくち》を間にして、「沼へ向けて双方陣城を構え」（太田三楽斎《さんらくさい》書状）、小競り合いを繰り広げていたが、北条方が佐竹方の背後にあたる岩船山を奪取したため、佐竹方が歩み寄ることで和議が成立した。

北条方としても、家康から後詰要請が届いており、早急に陣払いする必要があったので、この停戦は渡りに船だった。

天正十三年（一五八五）正月、孤立した由良・長尾両氏の降伏を受け入れた北条氏は、両氏の本拠である金山・館林両城を接収した。

さらに四月、下野国衆の壬生氏の再帰属に成功すると八月、宇都宮国綱を攻め、宇都宮城を奪取した上、国綱を詰城の多気山《たげさん》城に追い込んだ。

ところが八月、真田昌幸の本拠・信州上田城に攻め寄せた徳川勢が、手痛い敗北を喫することで、再び流れが変わる。

神川《かんがわ》合戦（第一次上田合戦）である。

九月、家康から要請を受けた北条氏は、真田方の上州沼田城の攻撃を開始するが、落城には至らず、北条・徳川両軍共に真田領から撤退する。

話は変わるが、十一月、下総国衆の千葉氏の内訌に介入した北条氏は、千葉氏領国への進駐に成功し、天正十五年（一五八七）には、氏政自ら領国支配に乗り出している。さらに同十七年（一五八九）には、氏政四男の直重《なおしげ》を千葉氏の家督に就けることに成功した。

元々、北条家に忠実な傘下国衆だった千葉氏だが、この時点まで保持していた独立国衆としての自治権も、これにより失われたことになる。

▲

小牧・長久手合戦により、その実戦での強さを、豊臣秀吉に見せつける格好となった徳川家康だが、天正十三年（一五八五）は、その運命が暗転する年となった。

信州の一国衆にすぎない真田氏にてこずる家康とは対照的に、小牧・長久手合戦時には徳川方だった織田信雄《のぶかつ》（信長次男）を味方につけ、紀州雑賀《きしゅうさいか》・根来《ねごろ》一党、四国の長宗我部元親《ちょうそかべもとちか》、北陸の佐々成政《さっさなりまさ》を次々と切り従えた秀吉は、関白にも任官し、日の出の勢いとなった。

家康陣営に対する秀吉の調略作戦も功を奏し始め、刈谷《かりや》城主の水野忠重《ただしげ》、木曾福島城主の木曾義昌に続いて、十一月には、家康股肱《ここう》の重臣である石川数正《かずまさ》までもが秀吉の許《もと》に走った。

これにより、徳川氏の軍制などの機密情報が秀吉に筒抜けになった。

それだけでなく数正は、元信濃守護職の府中小笠原貞慶《さだよし》の人質《ひとじち》を伴って出奔《しゅっぽん》したので、貞慶までもが秀吉の許に参じてしまう。

この結果、信濃国内の家康の勢力圏は、佐久・諏訪・伊那《いな》の三郡だけとなる。すでに秀吉は、小牧・長久手合戦で敵対した勢力を順次、つぶしており、最後に家康だけが残されていた。

この頃、秀吉は本気で家康と雌雄《しゆう》を決するつもりでいたらしく、十一月初旬、真田昌幸あての書状において、「来年の正月十五日前後に家康成敗《せいばい》の兵を発する」と宣言している。

また同時期、家臣の大垣城主・一柳直末《ひとつやなぎなおすえ》に対し、「来春正月十五日前後にそちらの城に座を移すので、戦の用意を済ませ、尾張《おわり》の星崎《ほしざき》城に人を派し、三河の動静を探るように」という書状を出している。

秀吉が味方の二人に偽りを言う必要はなく、おそらく三河侵攻は本音だったと思われる。

ところが翌天正十四年（一五八六）早々、秀吉は方針を変更し、織田信雄を使者として家康の許に送り、臣従を勧めることになる。

定説では、秀吉は九州征伐を優先させるために家康を懐柔する必要があったとされるが、実は、天正十三年十一月二十九日に近畿地方を襲った大地震によるものという説が浮上してきた。

この震災によって被害を受けたのは、秀吉の領国ばかりであり、徳川領国は、ほとんど被害がなかったのが、その根拠である。

これが、秀吉の方針を徳川征伐から九州への出征に変えた原因だと見抜いたのは、『北条氏滅亡と秀吉の策謀　小田原合戦・敗北の真相とは？』（洋泉社）を記した森田善明氏である。

これまで見逃されがちだった地震の影響を詳細に調べた見事な考察である。関心のある方は、ぜひお読みいただきたい。

さて、地震の前の話だが、追い込まれた家康に対し、北条氏は徳川氏と起請文を取り交わすなどして、その紐帯《ちゆうたい》を強化し、「一蓮托生」の覚悟を決めた。

これまでは本音を隠すことに長け、狡猾《こうかつ》この上なかった氏政の外交手腕が、ここに来て硬直的になったことは、否《いな》めない事実である。

この外交的判断が、北条氏の命運を決することになるのだが、おそらくここが、生き残るための分水嶺《ぶんすいれい》の一つだったと思われる。と言うのも、秀吉と直接対峙する家康が、北条氏に先んじて秀吉に臣従したからだ。

天正十四年二月、秀吉と家康の和睦が成り、秀吉の妹で四十四歳の旭姫が、四十五歳の家康に嫁ぐことまで決定する。五月には婚儀が行われ、家康は秀吉の義弟になった。

北条氏としては「ふざけるな」と言いたいところだが、家康と絶縁してしまえば、北条氏は敵の中に孤立する。

家康とて、北条氏との間が冷え切れば、秀吉に食われるだけなので、その同盟関係を維持しようとした。

三月、家康の呼びかけにより、家康と氏政は駿豆《すんず》国境黄瀬《きせ》川河畔で対面を行い、家康は沼津三枚橋《ぬまづさんまいばし》城を破却して、その関係が変わらぬことを証明した。

国境の城を破壊してまで同盟を維持しようとしたのは、ほかに例がなく、いかに家康が、この同盟を恃《たの》みとしていたかが分かろうというものである。

家康の低姿勢に氏政も満足し、北条氏の外交方針は変わらなかった。

七月、下野の皆川氏を再服属させた北条氏は、八月、この正月に当主の宗綱が討ち死にした佐野氏に、氏政の弟の一人である氏忠を入れて領国化に成功した。

これにより下野国で敵対する国衆は、宇都宮・那須両氏を残すだけとなった。

家康は十月、上洛の上、秀吉に臣下の礼を取り、豊臣政権の構成員となった。

豊臣政権の東国奏者《そうしや》（取次役）になった家康は、「関東・奥両国惣無事令《そうぶじ》」を北条氏に通達してきた。

これは豊臣政権の「私戦停止令」であり、以後、北条氏も自らの判断で戦《いくさ》ができなくなった。

交戦権の否定は、紛争解決の手段を武力に求めてきた戦国大名の存在意義を否定するものであり、北条氏にとっても、これまで掲げてきた大義を失うことになる。

とくに周辺に強い遺恨《いこん》のある敵がいない徳川氏と違い、北条氏には上杉景勝をはじめとして、「東方衆一統勢力」など不倶戴天《ふぐたいてん》の敵が多くいる。

彼らは、すでに秀吉と誼を通じており、とくに景勝は、豊臣政権の東国仕置の要《かなめ》として大幅な加増《かぞう》が見込まれる。それに引き換え、最後に豊臣政権の一員となった北条氏の不利は否めず、難癖をつけられて改易《かいえき》される恐れさえある。

それは、豊臣政権における織田信雄百万石の改易、さらに外様大名の大量粛清《しゆくせい》に乗り出した後の徳川政権が証明しており、力だけが通用する時代の道理だった。

それゆえ以後、北条氏は、「和戦両様」という何とも煮え切らない方針で、秀吉に対していくことになる。

こうした危機に際し、最も取ってはいけない方針が「和戦両様」のような中途半端なものだと言える。すなわち、いざ戦となっても下々《しもじも》まで戦う覚悟が決まらないため、結局は中途半端な戦いしかできないことになる。

これは幕末の東北戊辰《ぼしん》戦争において、会津《あいづ》藩が取った策と同様であり、籠城準備が遅々として進まぬ中、新政府軍に攻め込まれた会津藩は、女子供までもが自害するという悲劇を生んだ。

かくして敵中に孤立した北条氏は、小田原合戦に向けて、坂道を転がり落ちるように進んでいくことになる。

第十二章

小田原合戦

いた。

「和戦両様」という構えを取ることになった北条氏では、和平推進派の氏政《うじまさ》四弟の氏規《うじのり》と重臣の板部岡江雪斎融成《いたべおかこうせっさいゆうせい》が、豊臣政権との友好関係を維持しようと奔走していた。

天正《てんしょう》十六年（一五八八）初頭には、彼らの外交努力が実り、いったんは秀吉の鉾先《ほこさき》も収まっていた。

というのも秀吉は、落成したばかりの聚楽第《じゅらくてい》に後陽成《ごようぜい》帝の行幸《ぎょうこう》を行うべく、その準備に大わらわとなっていたからである。

しかし秀吉は、北条氏のことを忘れたわけではなかった。

この聚楽第行幸は、全国諸大名を集めて秀吉に臣従を誓わせるという目的もあった。それゆえ北条氏にも上洛命令を出したが、北条家中では、豊臣政権に対する外交方針が固まっておらず、これを無視する形になった。

おそらく、氏政次弟で強硬派の氏照《うじてる》あたりが、「このまま臣従しても、信長に臣従した時と同様、大幅に領国を削られ、最後には改易《かいえき》されるだけだ」とでも言ったのだろう。

この時、「臣従してしまえばよかったのに」という声をよく聞く。確かに信長時代の上杉・毛利《もうり》両氏はもとより、家康も秀吉に臣従することによって領国を安堵《あんど》されている。

しかし上杉・毛利両氏は信長と戦い、家康は小牧《こまき》・長久手《ながくて》で秀吉と戦っている。また途中で降伏したとはいえ、長宗我部《ちょうそかべ》・島津《しまづ》両氏も、いったんは秀吉と干戈《かんか》を交えている。

戦国の論理の一つに、一度は手強《てごわ》いところを見せておかないと、後々までなめられるというものがある。

これは戦国時代の不思議の一つだが、大国どうしは一度、戦っておいた方が、後々の関係がよくなることが多い。天正壬午《じんご》の乱後の北条・徳川両氏など典型例だが、秀吉は、とくにその傾向が強く、よく戦った後に膝を屈してきた相手を厚遇している。

つまり、家康が小牧・長久手合戦で勝利を収めたように、北条氏としては、一度は手強いところを見せておいて、その後に臣従するという手順を踏もうとしていたのではないだろうか。

もはや北条側とて、「豊臣軍を破り、これまで通り、関東制圧を目指そう」などとは思っておらず、「臣従するにしても、少しは意地を見せておこう」くらいに思っていたに違いない。

もちろんそこには、秀吉が歩み寄りを見せてくれれば「戦わずとも」という気もあったろう。ところが秀吉は、家康と和睦《わぼく》した時と違い、より強大になっており、また大地震の打撃からも、すでに立ち直っている。

それゆえ家康を臣従させた時のように、旭姫（秀吉の妹）を人質同然で嫁《とつ》がせ、さらに大政所《おおまんどころ》（秀吉の母）を人質で寄越すなどということを行うつもりはなかった。確かに、北条方の考えが甘かったことは明らかだが、結果論だけで「やらなければよかったのに」と言うのも間違っている。

繰り返すが、その過程を経なければ、すべてを失う可能性さえあったのだ。なぜかと言えば秀吉は、これまでの戦いで功を挙げてきた家臣たちに与える土地が不足しており、どうしても北条氏を滅ぼしたいからだ。

現に小田原合戦の直後、些細《ささい》な理由から、織田信雄《のぶかつ》を改易している。

とくに家康、毛利、長宗我部といった敵対勢力を赦免《しゃめん》した上、彼らが新たに切り取った所領以外を安堵したことにより、家臣たちに分け与える土地は不足気味になっており、秀吉とその幕僚にとって、二百三十とも二百八十万石とも言われる北条氏の大領は、垂涎《すいぜん》の的だったに違いない。

氏政や氏照らも、その事情をわきまえており、どうしても手強いところを見せておきたかったのだ。

これこそが、北条氏を小田原合戦に踏み切らせた動機なのだ。

▲

さて、聚楽第行幸という秀吉の天下奪取を祝う一大行事に、北条氏だけが使者を送らなかったことは、秀吉を激怒させた（本心は、討伐の大義名分《たいぎめいぶん》ができてうれしかったに違いない）。

五月、秀吉は小田原に詰問使《きつもんし》を送り、再度、当主の氏直《うじなお》か隠居の氏政の上洛《じょうらく》を命じたが、これまた何の返答もないため、致し方なく、東国取次役の家康に説得を託した。

家康は北条氏に起請文《きしょうもん》を送り、「上洛しないのなら嫁にやった娘を返してくれ」とまで言って上洛を促した。

家康は自らの保身のために北条氏に滅んでほしくなかった。というのも秀吉に臣従したとはいえ、家康は、いつか豊臣氏と手切れになると思っており（現にそうなった）、その時に、後顧《こうこ》の憂《うれ》いを取り除いてくれる味方がほしかったからだ。

さすがの北条氏も家康の覚悟のほどを知り、上洛を決意した。

おそらく和平推進派の氏規と板部岡江雪斎が当主氏直の背を押し、主戦派である隠居氏政、その弟の氏照、筆頭家老の松田憲秀《のりひで》らを黙らせたのではないだろうか。

氏規は氏康《うじやす》の五男で氏政の弟にあたる。幼少の頃、今川氏に人質に送られ、同じ人質の家康と親しくなり、成人してからも室町幕府申次《もうしつぎ》などに就いたことで、北条家中きっての上方《かみがた》事情通となっていた。すなわち北条家中で、豊臣家の実力を最もよく知るのが氏規なのだ。

氏規は北条氏を秀吉に臣従させようと奔走していた。氏規は秀吉の性格を見抜いており、懐に飛び込んでしまえば、どうにでもなると踏んでいたに違いない。

その努力が実り、まず氏規が、続いて十二月には氏政が上洛することになった。

この決定に、氏政や氏照ら主戦派は、とくに反対しなかった。

実は、氏政・氏照兄弟を中心とした主戦派にも事情があった。

これまでは籠城戦に絶対の自信を持っていた主戦派だが、ここに来て急速に鉄砲普及率が高まり、また攻城に大口径《だいこうけい》砲が導入されるようになり、豊臣軍の火力で圧倒された場合、北条氏の旧式城では防ぎようがないことが、明らかになり始めていたからだ。

　これまでは飛び道具として矢や礫《つぶて》、または少ない数の鉄砲を想定した縄張りを引けばよかったが、城は根本から、その縄張りと防衛戦術の改変を要求されていた。

　北条氏の城は、峻険《しゅんけん》な峰にある山城、舌状《ぜつじょう》台地の先端を掘り切った台地城、河《か》岸段丘《がんだんきゅう》上に築かれた崖端《がいたん》城などが多く、こうした城は、修築したところで限界がある。

　となれば砲銃攻撃に弱そうな城を捨て城とし、砲銃攻撃に対して抗堪力《こうたんりょく》のある平山城《ひらやまじろ》や平城《ひらじろ》を拠点城とし、そこに兵力を集中しようということになる。

　とくに「相府《そうふ》大普請」という掛け声とともに始まった小田原城の補強は、前代未聞の規模となり、商人町や耕地ごと城内に取り込み、半永久的に籠城戦を行うことを目指した外周九キロの「惣構《そうがまえ》」まで構築された。

　また、この時期に補強が文書で確認できる城としては、松井田《まついだ》、箕輪《みのわ》、金山《かなやま》、岩《いわ》付《つき》、栗橋、足柄《あしがら》、山中などで、このほかにも多くの拠点城に、普請作事の手が入ったはずだ。

　かくして「天下の御弓矢立《おんゆみやたて》」と呼ばれる決戦準備が、急ピッチで進められることになった。

　氏政らは、小田原、八王子、鉢形《はちがた》、岩付、玉縄《たまなわ》などの拠点城だけでも普請作事を急がせようとするが、それでも間に合わない。そこで主戦派は、とりあえず当面は、決戦を回避しておいた方が無難と判断したのだ。

それでは城の修復さえ行えば、豊臣軍に対抗できるのだろうか。

言うまでもなく、兵力差の問題も克服せねばならない。

ちなみに小田原合戦に投入された豊臣軍は、関東に足を踏み入れた者だけでも二十一万、東海道の兵站《へいたん》を確保する諸城守備隊も加えると二十二万四千となり、後にも先にも、ほかのあらゆる戦を上回る未曾有《みぞう》の兵力が投入された。

実は、小田原合戦の両軍合わせて三十一万余という動員数は、大坂冬の陣の二十九万余を上回り、国内最高記録である。

ちなみに桶狭間《おけはざま》二万八千、第四次川中島三万三千、姉川四万、長篠《ながしの》四万五千、賤《しず》ケ岳《がたけ》六万といった戦国期の諸合戦の動員数を見れば、小田原合戦が、いかにスケールの大きな戦いだったか分かろうというものである。

結果的に北条氏は、小田原城に五万余、その他の城に五万余の、おおよそ十万の兵を動員したと言われる。つまり寄手は、籠城方の三倍の兵力が必要という定理に従えば、十分に戦える頭数をそろえたことになる。

ところが問題は兵の質だった。

北条氏は「人改め令」を各地に発し、徹底した徴兵制を布こうとした。これにより地位や身分を問わず、十五から七十歳までの男性が集められたが、いくら何でも七十歳は厳しい。しかも、弓・槍・鉄砲といった武器も自前で用意せよというのだ。それだけならまだしも、北条領国内の民は兵農未分離であり、働き盛りの男たちが農繁期に農作業ができず、城に籠らされていたのでは、里に残った老人や女子供は飢え死にしてしまう。

さらに付け加えれば、たとえすべてが北条氏の思惑通りにいったとしても、あくまで防衛戦争であり、功を挙げた者に、褒美《ほうび》として新たな知行地《ちぎょうち》が下賜《かし》されることはない。

つまり、武士たちの意気も上がらないのだ。

将兵が、野心と欲心で目をぎらつかせた豊臣方の専業武士団相手に、こうした条件下で、どれほど戦えるかは自明である。

そこで北条氏は、直臣《じきしん》を中心にして組織された強兵を最前線や重要拠点に回し、準拠点城に農兵を配そうとした。つまり籠城戦となれば、兵員の質をごまかせると思ったのだ。

敵とて、城内にいる兵の練度や戦意のほどは分からない。それゆえ北条氏は苦し紛《まぎ》れに、農兵に「旗指物《はたさしもの》をひらひらさせて、いかにも武者めくように見せろ」という通達まで出している。

このほかにも武器弾薬の調達、農村からの兵糧の供出と備蓄の問題もあり、挙国一致体制下での籠城戦「天下の御弓矢立」を行おうとしても、北条氏の思い通りにいくものではなかった。

唯一の光明は、豊臣軍が大兵力であるがゆえに抱《かか》える「兵糧不足」である。しかし、兵糧のある北条方諸城が迅速に落とされる、ないしは降伏してしまえば、北条方の用意した兵糧は敵の手に入る。

つまり敵を撤退させる（勝利ではない）唯一の方策は、外縁部の国衆《くにしゅう》も含めて、心を一にして徹底抗戦できるかどうかにかかっていた。

▲

こうした不安要素を知る氏規ら和平推進派は、この機を捉えて一気に臣従まで持っていこうとしていた。

この時、北条氏は臣従と引き換えに、長らく懸案となっていた上州《じょうしゅう》沼田領の問題を持ち出し、その裁定を秀吉に仰ぐことにした。

これが主戦派の要求だったのか、氏規が、主戦派を納得させるために考えた条件だったのかは定かでないが、何かを秀吉に要求して認めてもらうことは、面子《メンツ》を保つためにも重要である。

ここで沼田領問題について簡単に記しておく。

天正十年（一五八二）の「天正壬午の乱」終結後の国分け交渉で、甲信の占領地を家康に譲った北条氏は、代わりに上州全土を領有することになった。だが上州には、真田氏が実力で奪い取った所領がある。それが沼田領である。

この時、家康方となっていた真田昌幸は、家康から「信州で同等の替え地を与えるので、上州の所領を北条氏に引き渡すように」という指示を受けたが、これを拒否する。昌幸は徳川傘下から離脱し、越後《えちご》の上杉景勝《かげかつ》と同盟を結んだ上で、北条・徳川連合に反旗を翻《ひるがえ》した。

これに怒った家康は、真田氏の本拠である信州《しんしゅう》上田城まで攻め寄せるが、無残な敗北を喫してしまう。

以後、沼田領は真田氏が占領したままとなっていた。

それゆえ北条氏としては、豊臣政権の命により、昌幸に沼田領を委譲させようとしたのだ。

天正十六年八月、氏規は聚楽第で秀吉に接見した。ところがこの時、居並ぶ諸大名の中で、官位を持っていないのは氏規だけであり、全員が衣冠《いかん》・束帯《そくたい》姿の中で、一人だけ肩衣半袴《かたぎぬはんばかま》姿という屈辱を味わわされた。それだけでなく嘲笑《ちょうしょう》された挙句、毛利輝元などは「腹をこわした」ことを理由に、一緒に食事することさえ断っている。

武家との接見の場である大坂城ではなく、公家と接見する場である聚楽第を選んだことにも当然、秀吉の意図があった。

これは、北条氏を怒らせる演出であったと考えられる。

氏規は帰国後、「さてさて無念の至りなり。田舎武士の悲しさよ、かくのごとき格式を知らずして上京し、面目もなき体《てい》、この様体にては氏政上《のぼ》りたれども、何の益かあるべし」と述べたとされる。

この話を聞いた氏政は上洛を渋るようになる。

▲

肝心の沼田領問題について、秀吉は詳しい者から話を聞くということで、この時、結論を出さなかった。

そのため天正十七年（一五八九）春、あらためて重臣の板部岡江雪斎が上洛し、秀吉に沼田領問題を説明した。

この話を聞いた秀吉は、「沼田領三万石を三分割し、二万石を北条氏の、残る一万石を真田氏の領有とする。真田氏が失った二万石の替え地は、家康が弁済する」という沙汰《さた》を下す。

双方の顔を立てた妥当《だとう》な裁定であり、北条氏としても、これを受け入れざるを得なかった。

しかしそこには、大きな陰謀が隠されていた。

六月初旬、いつまで経っても上洛しない氏政に対し、秀吉は不信感を募らせ、再び詰問使を送ってきた。

これに対して氏直は、十二月上旬に氏政が上洛すると伝えた。

七月には、真田方が占拠していた沼田城が北条方に明け渡され、秀吉の裁定が実現する。一方、真田方には名胡桃《なぐるみ》領一万石が残された。

沼田領は、北条氏の上野戦線を担当してきた氏邦《うじくに》の支配下に入り、城代として重臣の猪俣邦憲《いのまたくにのり》が入城した。

ところがここで、とんでもない事件が起こる。

十月二十三日、猪俣邦憲が突如として兵を発し、名胡桃城を奪ったのだ。

これは、秀吉が諸大名に対して布告した戦争停止命令「関東・奥両国惣無事令」に違背《いはい》する行為であり、豊臣政権に対する挑戦と見なされてもおかしくない。

不思議な事件だが、筆者はこれを偶然の産物とは思っていない。ましてや、小田原の主戦派の指示によって猪俣が動いたという説にもうなずけない。

氏政から指示が出ていた傍証《ぼうしょう》とされる該当文書も、明確に命令を発したというものではない。

ここには、謀略の匂いがするのだ。

しかし秀吉は、名胡桃城事件から二週間もさかのぼる同月十日に、諸大名に対し「来春、関東陣軍役《ぐんえき》のこと」と通告しており、この時、兵糧奉行に長束正家《なつかまさいえ》を任命した上、二十万石もの兵糧の準備を命じている。

また、同日に上杉景勝あてに送った書付には、「来年関東陣御軍役之事」と題して、軍役の規定と「来春三月一日に出陣するので、忠勤に励むように」と書かれている。

ここまで証拠がそろえば、秀吉の陰謀は間違いない。

秀吉の命を受けた真田昌幸が猪俣をだまし、北条氏が、「関東・奥両国惣無事令」に違背したという大義を捏造《ねつぞう》したのだ。

氏直は「上州名胡桃のことは北条氏の下知にあらず、辺土の郎従ども不案内の慮外なり」と弁明書を書き、重臣を秀吉の許に送ったが、秀吉はこれを許さず、逆に宣戦布告状を送りつけてきた。

これにより、豊臣軍の攻撃は避け難いものとなった。

なお、このくだりについては、森田善明氏の『北条氏滅亡と秀吉の策謀　小田原合戦・敗北の真相とは？』（洋泉社《ようせんしゃ》）に詳しく書かれているので、関心のある方は、ぜひ読んでいただきたい。

▲

こうなってしまっては、北条氏としても戦うしかない。

北条氏の戦略方針は、粘り強く戦い、豊臣軍が兵糧不足で厭戦《えんせん》気分が漂う頃を見計らい、家康に泣きつき、秀吉に和議を持ち掛けてもらうというものだった。

最初から大勝利など望むべくもなく、とにかく有利な条件で講和することだけが目的である。

氏政らは唯一、同盟している伊達政宗《だてまさむね》が後詰してくれると期待していたという説もあるが、そんなことは毛頭、考えていなかったに違いない。

戦国の世を生き抜いてきた北条一族は、己以外に頼る者などないことを、よく知っていたはずだ。ただし頃合いを見て、家康が仲裁に乗り出してくれることには、期待していた節がある。

しかし北条陣営は、豊臣軍が、すぐにはやってこないと思っていた。というのも大軍であればあるだけ兵糧の手配は困難であり、その調達と配備に時を要するはずだからだ。

ところが兵糧奉行の長束正家は、伊勢、尾張《おわり》、三河《みかわ》、遠江《とおとうみ》、駿河諸国から、価格などにこだわらず二十万石の米を買い集め、東海道沿いの諸城に入れ、すべての準備を瞬《またた》く間に終わらせていた。

豊臣軍のすごさは、その兵力や戦意の高さ以上に、こうした兵站技術が進んでいたことである。その自信と実績が、後の朝鮮半島への出兵へとつながっていく。

さて三月一日、京を発した豊臣軍は二十七日に沼津に入り、二十九日には、七万の大軍で箱根口の要衝・山中城を落としている。四月に入り、山中城を落とした豊臣軍七万は、箱根山を越えて小田原城に迫っていた。

屏《びょう》風山《ぶやま》・鷹巣《たかのす》・宮城野《みやぎの》・塔ノ峰などの箱根山城塞群は、自落撤退を余儀なくされ、小田原の西北方面を守る深沢・足柄・浜居場《はまいば》・新《しん》の諸城も、相次いで落城ないしは自落した。

上方水軍も伊豆西岸に押し寄せ、諸浦にある水軍城をしらみつぶしに攻略していった。

伊豆で残っているのは、北伊豆の韮山《にらやま》・南伊豆の下田《しもだ》の二城だけとなった。

一方、これより少し前、佐竹・宇都宮・結城ら「東方衆一統勢力」は国境を突破し、下野《しもつけ》・下総《しもうさ》南部に侵攻を始めており、北条方国衆を圧倒し始めていた。

相次ぐ敗報に驚いた小田原は慌てふためき、近隣の農民・漁民・商人・僧侶らを小田原城内に収容し、籠城戦の準備を急いだ。

早くも四月三日には、先手《さきて》を受け持つ徳川勢先遣隊が小田原近郊に姿を現し、続いて家康主力勢をはじめとして、豊臣秀次《ひでつぐ》・宇喜多《うきた》・堀・池田・長谷川・丹羽《にわ》の諸隊が陸続として集結し、小田原周辺に陣を布いた。

六日には、秀吉が箱根山を越えて早雲寺《そううんじ》に本陣を構えた。

さらに秀吉は、小田原城を一望の下に見下ろせる笠懸山《かさがけやま》（後の石垣山）に総石垣・瓦葺《かわらぶき》の城郭の構築を命じる。

八日には、韮山城攻囲を福島正則《まさのり》らに任せた織田・蒲生《がもう》・細川諸隊も合流した。

秀吉麾下《きか》十万余の大軍により、小田原城は完全に封鎖された。

氏政や氏照ら主戦派が、全く予想もしなかった事態である。

これをさかのぼる三月十五日、前田利家《としいえ》、上杉景勝、真田昌幸らが率いる北国勢《ほっこくぜい》三万五千も、上信国境《じょうしん》の碓氷峠《うすい》を越え、北条方の上州諸城に襲い掛かっていた。

松井田《まついだ》城を上州の最重要防衛拠点とした北条方は、主戦派の大道寺政繁《だいどうじまさしげ》を入れて防戦に努めたが、十九日に厩橋《まやばし》城が落ちると意気消沈し、二十二日に降伏開城した。これにより上州第二の拠点である箕輪《みのわ》城も自落し、上州の主要拠点はすべて制圧された。

四月二十六日には、小田原包囲陣から別働隊として派遣された徳川軍により、東相模の要衝・玉縄城が開城した。玉縄城には、山中城から逃げ帰った北条氏勝《うじかつ》が籠っていたが、家康の説得に応じ、戦わずして城を開けた。

二十七日には、江戸城と葛西《かさい》城が開城した。

五月初旬、下総から上総に侵攻した徳川勢は、小金《こがね》、臼井《うすい》、土気《とけ》、東金《とうがね》、万喜《まんき》、大多喜《おおたき》、佐貫《さぬき》、勝浦《かつうら》など両総主要十七城をことごとく開城させた。

五月二十日には、武蔵の要衝・岩付城が落城する。すでに松山城も自落しており、瞬く間に武蔵中央部が制圧された。

六月九日には、白装束《しろしょうぞく》に身を包んだ伊達政宗が、普請半ばの石垣山城に出頭《しゅっとう》し、秀吉に臣従する。これにより、後詰勢が来援する可能性はなくなった。

後詰のない籠城戦は徒労に終わるのが常であり、城内には厭戦気分が漂い始めていた。

十四日、頑強に抵抗していた鉢形城が降伏し、城主の氏邦は出家剃髪《ていはつ》して敵陣に出頭した。後に氏邦は許され、前田利家に召し抱えられて加賀《かが》国に赴く。

二十三日には、氏照の本拠である八王子城が壮絶な落城を遂げた。氏照は小田原城で防戦の総指揮を執っていたと言われており、主力勢も率いてきたため、八王子城には農兵中心の部隊が入っているだけだった。そうしたことから、堅城を謳われた八王子城も、豊臣軍の攻撃に一日と持ちこたえられなかった。

二十六日に石垣山城が完成したが、もはや秀吉が当初、想定していた長期戦にはなり得ず、完成と同時に無用の城となる始末だった。

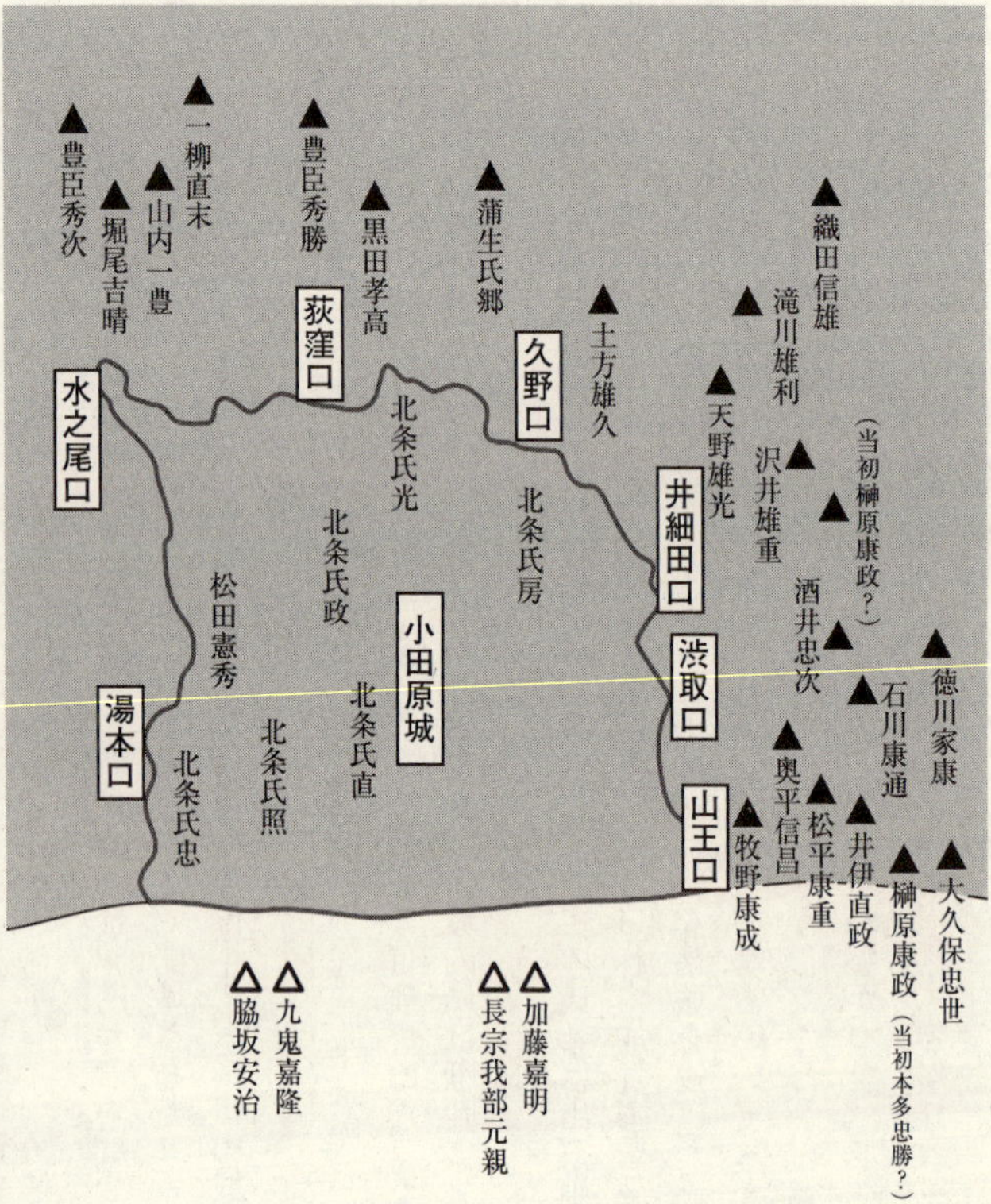

大久保忠世
榊原康政（当初本多忠勝？）
徳川家康
石川康通
井伊直政
松平康重
奥平信昌
牧野康成
酒井忠次
（当初榊原康政？）
織田信雄
滝川雄利
沢井雄重
天野雄光
土方雄久
蒲生氏郷
黒田孝高
豊臣秀勝
一柳直末
山内一豊
堀尾吉晴
豊臣秀次
山王口
渋取口
井細田口
久野口
荻窪口
水之尾口
湯本口
小田原城
北条氏房
北条氏光
北条氏政
北条氏直
北条氏照
北条氏忠
松田憲秀
加藤嘉明
長宗我部元親
九鬼嘉隆
脇坂安治

小田原合戦布陣図

中村一氏
宇喜多秀家
織田信包
池田輝政
細川忠興
堀　秀政
丹羽長重
長谷川秀一
小早川隆景
吉川広家
島津久保
大友吉統
石垣山城
（秀吉本陣）
水原惣兵衛尉
石川数正
石田三成
増田長盛
大谷吉隆
金森長近
小野木重次
浅野長吉
豊臣秀吉
（初期本陣）
早雲寺
千　利休
N
0
1000m

そして遂に七月五日、北条氏直は城兵の助命を条件に降伏する。

以上が、小田原合戦の顚末《てんまつ》である。

合戦の詳細推移について知りたい方には、『小田原合戦』（角川選書 下山治久《しもやまはるひさ》著）をお勧めする。

▲

秀吉は氏直の助命を認めたが、主戦派の氏政、氏照、松田憲秀、大道寺政繁の四人には切腹を命じた。

一方、城を明け渡した氏直は高野山《こうやさん》に上ることになった。

後に氏直は一万石程度をもらい、豊臣家の直参《じきさん》家臣となるが、ほどなくして疱瘡《ほうそう》を患って死去し、北条本家は、ここに絶えることになる。

その名跡《みようせき》は、赦免されて秀吉の家臣となった氏規の家系に受け継がれ、狭山《さやま》北条氏として幕末に至る。

かくして北条氏は滅亡した。

始祖の早雲庵宗瑞以来、五代百年にわたって関東に覇を唱えた北条氏も、遂にそ

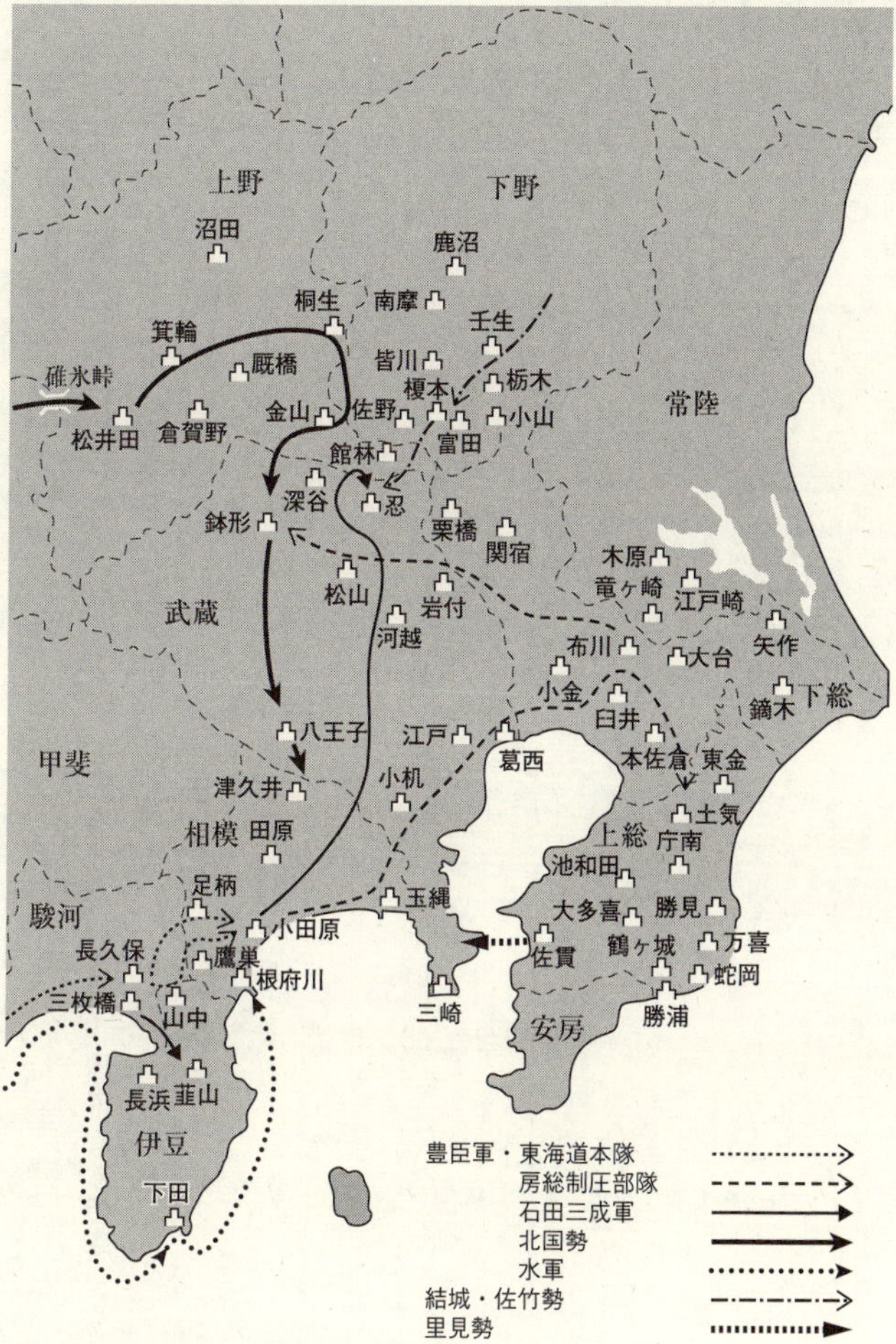

北条征伐軍の関東侵攻経路

の旗を降ろしたのだ。

最後には秀吉に屈したものの、関東から守旧勢力を駆逐し、民のための新たな政治秩序を打ち立てた北条氏の功績を忘れてはならない。

北条氏は滅亡したというよりも、その使命を全うしたのである。

〈終〉

北条流拠点戦略

沼田
中山
長井坂
箕輪
唐沢山
厩橋
金山
古河
松井田
倉賀野
館林
御嶽
深谷
羽生
逆井
忍
騎西
栗橋
鉢形
日尾
関宿
高松
杉山
龍ヶ谷
菅谷
青鳥
牛久
岩付
熊倉
河越
檜原
小金
滝山
陣馬山
国府台
八王子
景信山
江戸
小仏城山
間山城峰
津久井
仙洞寺山
小机
本牧
御坂
鉢岡山
又野城山
伏馬田山
権現山
足柄
笹下
玉縄
小田原
六浦
鷹取山
佐貫
浦賀
湯坂
勝浦
興国寺
金谷
三崎
山中
網代
大瀬崎
獅子浜
宇佐美
江梨
韮山
戸田
長浜
土肥
柏久保
丸山
田子小松
安良里
宇久須
仁科
松崎
雲見
子浦
下田
妻良
白水

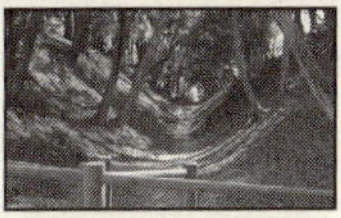
小田原城（小峯御鐘ノ台）
神奈川県小田原市
平山城
応永 24 年（1417）築城

鉢形城
埼玉県大里郡寄居町
連郭式平山城
文明8年（1476）築城

箕輪城
群馬県高崎市
梯郭式平山城
永正9年（1512）築城

山中城
静岡県三島市
山城
永禄年間（1558～1570）築城

八王子城
東京都八王子市
山城
天正 15 年（1587）築城

大根城（小田原）

準本拠：韮山・玉縄

境目／拠点／つなぎ／つたえ

- **関・峠**：足柄、山中、松井田、御坂、湯坂、檜原、西牧
- **山**：八王子、津久井、唐沢山、金山、高松、日尾、熊倉、龍ヶ谷、御嶽
- **崖端・河岸・沼沢地**：鉢形、厩橋、館林、滝山、羽生、忍、小机、箕輪、牛久、河越、倉賀野、深谷、岩付、長井坂、杉山、関宿、中山、騎西、古河、国府台、菅谷、栗橋、佐貫、青鳥、沼田、小金、逆井
- **山頂**：小仏城山、景信山、間山城峰、陣馬山、仙洞寺山、鷹取山、鉢岡山、伏馬田山、又野城山
- **海浜**：水軍城に同じ
- **水軍**：江戸、網代、田子小松、権現山、宇佐美、安良里、本牧、下田、宇久須、笹下、白水（石廊崎）、土肥、六浦、妻良、戸田（井田）、浦賀、子浦、江梨、三崎、雲見、大瀬崎、（金谷）、松崎、長浜、（勝浦）、仁科、獅子浜、丸山

北条流築城術の特長

- ●創築は極めて少ない（例外：韮山？　玉縄、八王子、茅ヶ崎、逆井？）
- ●氏康・氏政期までは領国統治を重視。最末期は決戦を重視（八王子）
- ●鉦《かね》・太鼓・法螺《ほら》の届く範囲（約1km）に城・砦・代官屋敷を築く
- ●山岳地帯と僻地を除けば、拠点城は約一里四方に一城を設置

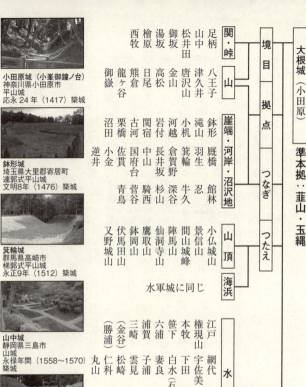

おわりに

本書は、雑誌「武道」に一年十二回にわたり連載してきた記事に、大幅な加筆と修正を施したものの文庫化である。

基本的に、定説と言われているものを紹介し、それに対して疑問があれば、私見を述べさせていただくという形式を取った。むろん定説は、専門研究家の方々が長年にわたって築き上げてきたものなので尊重している。

また、本書は私見を披瀝《ひれき》するものではなく、北条五代の実像（主に外交・軍事面）を分かりやすく読者に伝えることを旨《むね》としているので、定説というものの扱いには慎重を期した。

つまり、定説を頭から否定するような態度は取らず、またエッセイのように、言いたい放題を思いつきで書いているわけではないということだけは、ご理解いただきたい。

ただ一点、小田原《おだわら》合戦において「なぜ北条氏は、秀吉との決戦に踏み切ったのか」についてだけは、多くの専門研究書を読んでも、納得するものがなかった。

とくに、猪俣邦憲《いのまたくにのり》という一家臣が独断で名胡桃《なぐるみ》城を奪うことで、秀吉から宣戦布告状を突き付けられて小田原合戦が始まるというあたりが、どうしても釈然としない。

この事件を、私は小説作品の『戦国関東血風録　北条氏照修羅往道《うじてるしゅらおうどう》』（叢文社《そうぶんしゃ》）で、豊臣秀吉と真田昌幸《さなだまさゆき》の共謀犯説として、また、同じく『城を噛《か》ませた男』（光文社）所収の表題作で、真田昌幸単独犯説として描いてきた。それらの仮説を裏付ける史料も、かなり集めていた。

いつの日か、これらの史料を駆使して、歴史研究本として小田原合戦をまとめるつもりでいた。

しかし周知の通り、私は歴史小説家としての仕事が、軌道に乗り始めていた。

そうなると小説作品の注文が殺到し、なかなか研究本の執筆ができない。

本書だけは、連載開始の二年前に受けた話なので何とかやりおおせたが、小田原合戦だけにスポットを当てた研究本の執筆については、そのままとなっていた。

ところがである。

二〇一三年九月、洋泉社《ようせんしゃ》から『北条氏滅亡と秀吉の策謀　小田原合戦・敗北の真相とは?』という新書が出た。

むろん私は、すぐに買って読んだ。

失礼ながら、これまで著者の森田善明氏の名を存じ上げなかったが、一読して、その内容の素晴らしさに驚いた。

「これこそ、私のやりたかったことだ!」

私は思わず膝を叩いた。

しかも、私が探し得なかった古文書も多く掲載され、さらに天正《てんしょう》大地震の考察という新たな視点も加えられていた。

その内容に、私は拍手したいほどだった。

読了した後、「下手なことをやらなくてよかった」と、まず思った。私のような小説家が限られた時間の中で、史料を調べようとしても限界があり、ここまでの完成度を追究できないからである。

もちろん、先にやられて口惜《くや》しいとも思わなかった。

私の場合、文芸の世界で身に余る評価を受けており、他人の仕事に嫉妬《しっと》することなど全くないからだ。

それよりも、この仕事をやり遂げてくれた森田氏に惜しみない拍手を送りたい。

本書をお読みいただき、さらに小田原合戦について知りたいと思った方は、ぜひ『北条氏滅亡と秀吉の策謀　小田原合戦・敗北の真相とは?』を手に取っていただきたい。歴史研究本とはいえ新書なので、たいへん読みやすいし、本書の補足にもなる。

このように歴史研究は日進月歩で進んでいる。研究家も歴史小説家も、常に最新情報にアンテナを張っていないと、時代から取り残される。

これからも北条氏の研究が進み、五代の実相が、さらに明らかにされることを願ってやまない。

参考文献（著者敬称略）

『戦国北条氏五代』黒田基樹　戎光祥出版
『戦国関東の覇権戦争』黒田基樹　洋泉社
『北条早雲とその一族』黒田基樹　新人物往来社
『戦国　北条一族』黒田基樹　新人物往来社
『戦国の房総と北条氏』黒田基樹　岩田書院
『奔る雲のごとく　今よみがえる北条早雲』小和田哲男監修　北条早雲フォーラム
実行委員会
『北条早雲と家臣団』下山治久　有隣堂
『後北条氏』鈴木良一　有隣堂
『北条氏康と東国の戦国世界』山口博　夢工房
『国府台合戦を点検する』千野原靖方　崙書房出版
『小田原合戦』下山治久　角川書店
『戦国時代の終焉』齋藤慎一　中央公論新社
『関東戦国史と御館の乱　上杉景虎・敗北の歴史的意味とは？』伊東潤・乃至政彦

洋泉社
『後北条氏家臣団人名辞典』下山治久　東京堂出版
『定本・北条氏康』藤木久志・黒田基樹編　高志書院
『後北条領国の地域的展開』浅倉直美　岩田書院
『北条氏滅亡と秀吉の策謀　小田原合戦・敗北の真相とは？』森田善明　洋泉社
『長尾景春』黒田基樹　戎光祥出版
『図説　太田道灌』黒田基樹　戎光祥出版
『扇谷上杉氏と太田道灌』黒田基樹　岩田書院
『関東公方　足利氏四代』田辺久子　吉川弘文館
『関東管領・上杉一族』七宮涬三　新人物往来社
『古河公方足利氏の研究』佐藤博信　校倉書房
『戦国今川氏　その文化と謎を探る』小和田哲男　静岡新聞社
『長尾氏の研究』勝守すみ　名著出版
『上杉憲実』田辺久子　吉川弘文館
『万里集九』中川徳之助　吉川弘文館
『戦国誕生　中世日本が終焉するとき』渡邊大門　講談社

『武田氏年表』武田氏研究会編　高志書院
『武田信玄大事典』柴辻俊六編　新人物往来社
『武田信玄のすべて』磯貝正義編　新人物往来社
『定本武田勝頼』上野晴朗　新人物往来社
『武田信玄　城と兵法』上野晴朗　新人物往来社
『武田勝頼』柴辻俊六　新人物往来社
『武田信虎のすべて』柴辻俊六　新人物往来社
『越後上杉一族』花ヶ前盛明　新人物往来社
『上杉氏年表』池享・矢田俊文編　高志書院
『守りの名将・上杉景勝の戦歴』三池純正　洋泉社
『上杉謙信の夢と野望』乃至政彦　洋泉社
『今川義元のすべて』小和田哲男編　新人物往来社
『今川義元』小和田哲男　ミネルヴァ書房
『定本　徳川家康』本多隆成　吉川弘文館
『織豊政権と東国大名』粟野俊之　吉川弘文館
『雑兵たちの戦場　中世の傭兵と奴隷狩り』藤木久志　朝日新聞社

『戦国の村を行く』藤木久志　朝日新聞社
『土一揆と城の戦国を行く』藤木久志　朝日新聞社
『百姓から見た戦国大名』黒田基樹　筑摩書房
『中世を道から読む』齋藤慎一　講談社
『すべてわかる戦国大名里見氏の歴史』川名登編　国書刊行会
『天下人の失敗学』伊東潤　講談社
学研歴史群像シリーズ⑭『真説 戦国北条五代　早雲と一族百年の興亡』
別冊歴史読本『戦国の魁　早雲と北条一族』新人物往来社
『小田原市史　通史編　原始・古代・中世』
『小田原市史　別編　城郭』

その他、各都道府県の自治体史、論文・論説、事典類、汎用的ノウハウ本、ＭＯＫ本、軍記物の現代語訳版（『北条五代記』『小田原北条記』等）の記載は、省略させていただきます。

本書は、二〇一四年四月にエイチアンドアイより刊行された、
『実録　戦国北条記』を改題の上、加筆・修正をしたものです。

著者紹介
伊東　潤（いとう　じゅん）
1960年、神奈川県横浜市生まれ。早稲田大学卒業。『黒南風の海――加藤清正「文禄・慶長の役」異聞』で本屋が選ぶ時代小説大賞を、『国を蹴った男』で吉川英治文学新人賞を、『巨鯨の海』で山田風太郎賞と高校生直木賞を、『峠越え』で中山義秀文学賞を、『義烈千秋　天狗党西へ』で歴史時代作家クラブ賞（作品賞）を受賞。歴史エッセイに、『天下人の失敗学』『城を攻める 城を守る』『敗者烈伝』が、小説作品に、『武田家滅亡』『疾き雲のごとく』『戦国鎌倉悲譚 剋』『北天蒼星』『叛鬼』『黎明に起つ』『武士の碑』『吹けよ風 呼べよ嵐』『江戸を造った男』等がある。

ＰＨＰ文芸文庫　戦国北条記

2016年11月21日　第1版第1刷
2017年1月10日　第1版第2刷

著者　伊東　潤
発行者　岡　修平
発行所　株式会社ＰＨＰ研究所
東京本部　〒135-8137 江東区豊洲5-6-52
文藝出版部　☎03-3520-9620（編集）
普及一部　☎03-3520-9630（販売）
京都本部　〒601-8411 京都市南区西九条北ノ内町11
PHP INTERFACE　http://www.php.co.jp/
組版　朝日メディアインターナショナル株式会社
印刷所　図書印刷株式会社
製本所　東京美術紙工協業組合

ISBN978-4-569-76642-3

PHP文芸文庫

本屋が選ぶ時代小説大賞2011受賞作品

黒南風《くろはえ》の海

「文禄・慶長の役」異聞

伊東 潤 著

日本と朝鮮――敵として出会った二人の人生が交錯した時、熱きドラマが！ 気鋭の歴史作家が、文禄・慶長の役を真正面から描いた力作。

定価 本体七六二円（税別）